VOLUME INICIAL

CÉLIA PASSOS

Cursou pedagogia na faculdade de ciências Humanas de Olinda, PE, com licenciaturas em Educação especial e orientação educacional. Professora do ensino fundamental e médio (magistério), coordenadora escolar e autora de materiais didáticos.

ZENEIDE SILVA

Cursou pedagogia na Universidade Católica de Pernambuco, com licenciatura em supervisão Escolar. Pós-graduada em literatura infantil. Mestra em Formação de Educador pela Universidade Isla, Vila de Nova Gaia, Portugal. Formação em coaching. Professora do Ensino Fundamental, supervisora escolar e autora de materiais didáticos e paradidáticos.

EDUCAÇÃO INFANTIL

4ª edição
São Paulo – 2022

LINGUAGEM • MATEMÁTICA
NATUREZA E SOCIEDADE

Coleção Eu Gosto M@is
Educação Infantil – Volume Inicial
© IBEP, 2022

Diretor superintendente	Jorge Yunes
Diretora editorial	Célia de Assis
Assessoria pedagógica	Daisy Asmuz, Mariana Colossal
Edição e revisão	RAF Editoria e Serviços
Produção editorial	Elza Mizue Hata Fujihara
Assistente de produção gráfica	Marcelo de Paula Ribeiro
Assistência editorial	Isabelle Ferreira, Isis Lira
Iconografia	RAF Editoria
Ilustrações	Carlos Jorne Nunes, Eunice – Conexão Editorial, Vanessa Alexandre
Capa	Aline Benitez
Ilustração da capa	Gisele Libutti
Projeto gráfico e diagramação	Nany Produções Gráficas
Impressão	Gráfica Trust, Março 2023

4ª edição – São Paulo – 2022
Todos os direitos reservados

Dados Internacionais de Catalogação na Publicação (CIP) de acordo com ISBD

P289e   Passos, Célia

    Eu gosto m@is / Célia Passos, Zeneide Silva. - 4. ed. - São Paulo : IBEP - Instituto Brasileiro de Edições Pedagógicas, 2022.
    184 p. ; 30,5cm x 22,5cm. - (Eu gosto m@is ; v.1)

    ISBN: 978-65-5696-220-7 (aluno)
    ISBN: 978-65-5696-221-4 (professor)

    1. Educação infantil. 2. Livro didático. I. Silva, Zeneide. II. Título. III. Série.

	CDD 372.2
2022-2960	CDU 372.4

Elaborado por Vagner Rodolfo da Silva - CRB-8/9410

Índice para catálogo sistemático:
1. Educação infantil : Livro didático 372.2
2. Educação infantil : Livro didático 372.4

IBEP

Rua Gomes de Carvalho, 1306 - 11º Andar - Vila Olímpia
São Paulo/SP - CEP 04547-005 Brasil
Tel.: (11) 2799-7799 - www.grupoibep.com.br/

MENSAGEM AOS ALUNOS

QUERIDO ALUNO, QUERIDA ALUNA,

ESTE LIVRO FOI ESPECIALMENTE PREPARADO PARA VOCÊ QUE COMEÇA SUA VIDA ESCOLAR.

NELE VOCÊ ENCONTRARÁ MUITAS ATIVIDADES QUE VÃO AUXILIÁ-LO A CONHECER AINDA MAIS O LUGAR ONDE VIVE.

O LIVRO TRAZ ATIVIDADES PARA VOCÊ DESENVOLVER SUA CAPACIDADE DE COMUNICAÇÃO, COORDENAÇÃO DOS MOVIMENTOS, O CONHECIMENTO DOS NÚMEROS, DO SEU CORPO, DA NATUREZA, ALÉM DE POSSIBILITAR MUITAS HORAS DE BRINCADEIRAS COM OS COLEGAS.

APROVEITE BEM ESTE LIVRO E CUIDE DELE COM CARINHO, ELE SERÁ SEU COMPANHEIRO NO DIA A DIA.

UM GRANDE ABRAÇO,

AS AUTORAS

SUMÁRIO

CONTEÚDOS	LIÇÕES
COORDENAÇÃO MOTORA	9, 10, 12, 13, 22, 23, 26, 27, 28, 39, 40, 45, 52, 53, 54, 83
PINTURA A TINTA	2, 3, 4, 6, 10, 22, 26, 27, 28, 32, 38, 39, 40, 52, 57, 62, 75, 83
TRAÇADO DE LINHAS	13, 23, 45, 53, 54
CANTIGAS E PARLENDAS	2, 3, 4, 5, 6, 16, 17, 56, 57, 59, 62, 73, 83
COLAGEM	1, 7, 8, 11, 17, 33, 35, 37, 41, 46, 48, 58, 60, 71, 78, 80, 88
EXPRESSÃO ORAL	9, 17, 19, 20, 24, 32, 36, 37, 38, 39, 60, 67, 68, 70, 85, 86, 88, 89
OBRAS DE ARTE	22, 44
CORES	17, 21, 22, 25, 26, 28, 29, 32, 38, 39, 40, 41, 42, 43, 51, 53

CONTEÚDOS	LIÇÕES
IDENTIDADE	1, 8
PARTES DO CORPO	2, 3, 4, 5, 6
FAMÍLIA	7
ESCOLA	9, 10, 11
ALIMENTOS	17, 18, 19, 20, 37, 55, 63
BRINQUEDOS E BRINCADEIRAS	24, 25, 27, 31, 32, 33, 34, 36, 44, 64, 67, 68, 69, 78, 79, 84, 86
MORADIA	35, 36, 37
PLANTAS	28, 40, 41, 43, 88
ANIMAIS	30, 55, 56, 57, 58, 59, 60, 61, 62, 63, 73, 75, 76, 81, 82, 87, 89
MEIOS DE TRANSPORTE	29, 72, 80
HIGIENE PESSOAL	70

CONTEÚDOS	LIÇÕES
FORMAS: CÍRCULO, QUADRADO	38, 46, 47, 48, 49, 50, 51, 52, 53, 78
NOÇÕES: ABERTO / FECHADO	14, 15, 16
NOÇÃO DE POSIÇÃO: MESMA POSIÇÃO	30
NOÇÕES: GRANDE / PEQUENO	31, 32, 49, 51
NOÇÕES: IGUAL / DIFERENTE	19, 33, 34
NOÇÕES: EMBAIXO / EM CIMA	36, 37
NOÇÕES: DENTRO / FORA	47, 48, 52, 61
NOÇÕES: CHEIO / VAZIO	63, 64
NOÇÕES: ALTO / BAIXO	65, 66
NOÇÕES: EM PÉ / SENTADO / DEITADO	67, 68

CONTEÚDOS	LIÇÕES
NOÇÕES: NA FRENTE / ATRÁS	69
NOÇÕES: MAIOR / MENOR / MESMO TAMANHO	70, 71
NOÇÃO DE DIREÇÃO	72
NOÇÕES: MUITO / POUCO	73, 74
NÚMERO 1	75, 76, 77, 80
NÚMERO 2	78, 79, 80
NÚMERO 3	81, 82, 83
NÚMERO 4	84, 85, 86
NÚMERO 5	87, 88, 89

ALMANAQUE	PÁGINA 95
ADESIVOS	PÁGINA 111

LIÇÃO 1

 CADA PESSOA É ÚNICA E ESPECIAL.
COLE UMA FOTO SUA.

DATA: _____ / _____ / _____

 COM AS MÃOS, PODEMOS BATER PALMAS. TAMBÉM PODEMOS DEIXAR MARCAS. ESCOLHA A COR DE QUE VOCÊ MAIS GOSTA E CARIMBE SUAS MÃOS.

PALMINHAS, PALMINHAS
NÓS VAMOS BATER.
DEPOIS AS MÃOZINHAS
PARA TRÁS ESCONDER.

DE UM LADO E DO OUTRO
NÓS VAMOS BATER.
DEPOIS AS MÃOZINHAS
PARA TRÁS ESCONDER.

DOMÍNIO PÚBLICO.

 COM OS PÉS, PODEMOS NOS MOVIMENTAR.
CANTE A MÚSICA COM OS COLEGAS. DEPOIS, CARIMBE OU DESENHE SEUS PÉS.

> OI, BOTE AQUI,
> OI, BOTE AQUI
> O SEU PEZINHO.
> BEM AQUI, BEM AQUI
> JUNTINHO AO MEU.
> AO TIRAR, AO TIRAR
> O SEU PEZINHO,
> UM ABRAÇO,
> UM ABRAÇO LHE DAREI.
>
> DOMÍNIO PÚBLICO.

DATA: _____/_____/_____

LIÇÃO 4

 PODEMOS CARIMBAR USANDO OS DEDOS.
MOLHE SEUS DEDOS NA TINTA E DEIXE SUAS MARCAS AQUI.

- DEDO MINDINHO
- SEU-VIZINHO
- PAI DE TODOS
- FURA-BOLO
- MATA-PIOLHO

CARLOS JORGE NUNES

DATA: _____ / _____ / _____

LIÇÃO 5

 COM AS MÃOS, PODEMOS NOS COMUNICAR.
CANTE A MÚSICA COM OS COLEGAS. DEPOIS, MARQUE NA ILUSTRAÇÃO A PARTE DO CORPO QUE A FORMIGUINHA MORDEU.

FUI AO MERCADO
COMPRAR MAMÃO.
VEIO A FORMIGUINHA
E MORDEU A MINHA MÃO.
EU SACUDI, SACUDI, SACUDI,
MAS A FORMIGUINHA
NÃO PARAVA DE SUBIR.

DOMÍNIO PÚBLICO.

DATA: _____/_____/_____

LIÇÃO 6

 COM OS OLHOS, PODEMOS VER O QUE ESTÁ AO NOSSO REDOR. CANTE A MÚSICA COM OS COLEGAS. DEPOIS, MOLHE O DEDO NA TINTA E COMPLETE O ROSTO MARCANDO OS OLHOS.

CABEÇA, OMBRO, JOELHO E PÉ.
CABEÇA, OMBRO, JOELHO E PÉ.
OLHOS, ORELHAS, BOCA E NARIZ.
CABEÇA, OMBRO, JOELHO E PÉ.

DOMÍNIO PÚBLICO.

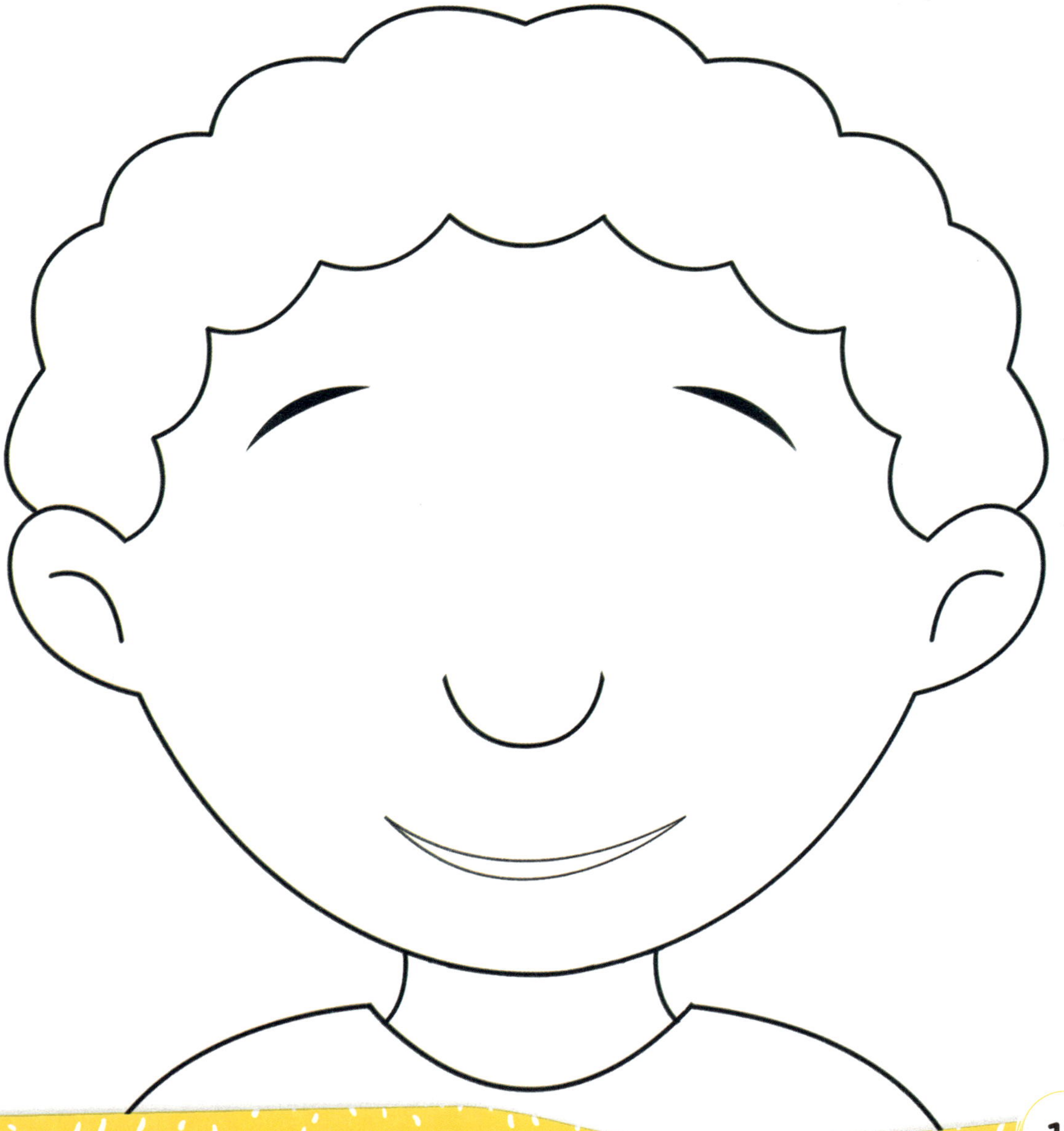

DATA: ____ / ____ / ____

LIÇÃO 7

 CADA PESSOA TEM SUA FAMÍLIA.
COLE A FOTO DA SUA FAMÍLIA.

ESTA É MINHA FAMÍLIA.

DATA: _____ /_____ /_____

12

LIÇÃO 8

 NO DIA DO ANIVERSÁRIO, COMPLETAMOS MAIS UM ANO DE VIDA. QUANTOS ANOS VOCÊ TEM? USE OS ADESIVOS DA PÁGINA 111 E COLE AS VELAS PARA REPRESENTAR SUA IDADE. DEPOIS, PINTE O BOLO.

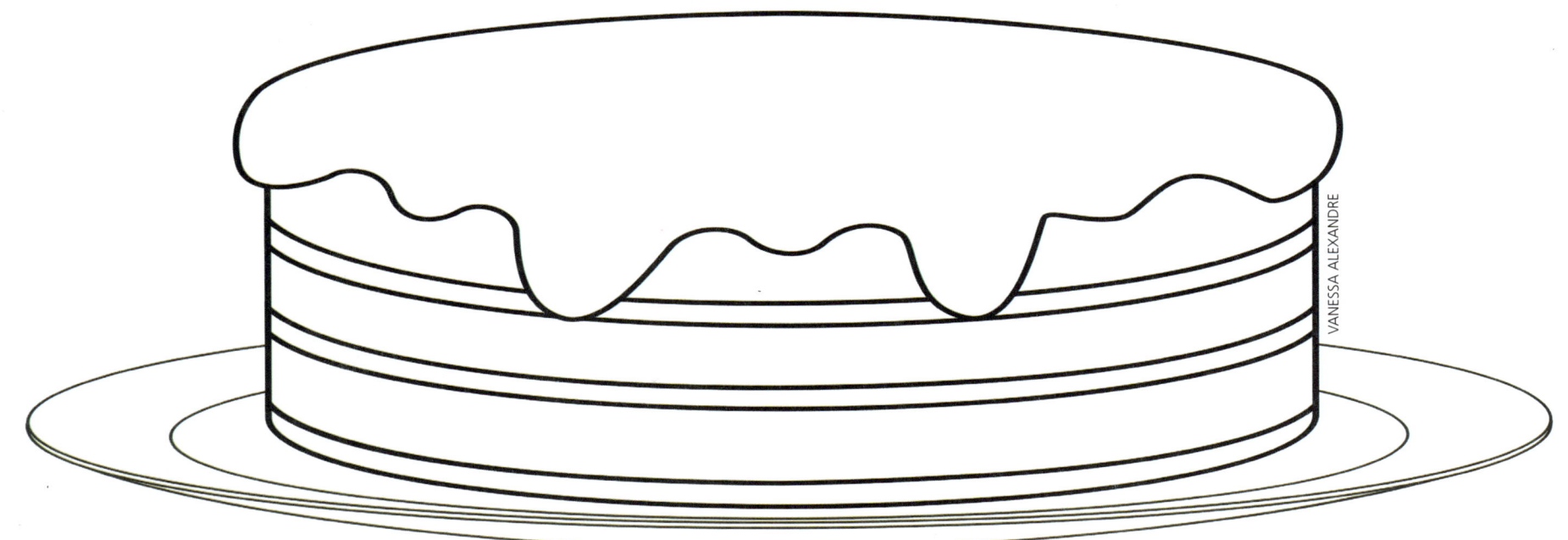

DATA: _____ / _____ / _____

 NA ESCOLA, AS CRIANÇAS FAZEM DIFERENTES ATIVIDADES. PINTE A FOLHA USANDO DIFERENTES CORES.

 O QUE VOCÊ MAIS GOSTA DE FAZER NA ESCOLA?

DATA: _____ /_____ /_____

LIÇÃO 10

 NA ESCOLA, PODEMOS ENCONTRAR COLEGAS PARA BRINCAR. MOLHE SEU DEDO NA TINTA E PINTE O CAMINHO DA CRIANÇA ATÉ A ESCOLA.

ILUSTRAÇÕES: CARLOS JORGE NUNES

DATA: _____ / _____ / _____

LIÇÃO 11

 NA ESCOLA, HÁ MUITOS BRINQUEDOS E MATERIAIS.
COLE FIGURAS DE OBJETOS QUE VOCÊ UTILIZA NA ESCOLA. USE OS ADESIVOS DA PÁGINA 111.

DATA: _____ / _____ / _____

 COM GIZ DE CERA PODEMOS DESENHAR.
FAÇA UM DESENHO USANDO GIZ DE CERA.

DATA: ____/____/____

LIÇÃO 13

 O GIZ DE CERA RISCA O PAPEL TRAÇANDO LINHAS. CUBRA AS LINHAS USANDO GIZ DE CERA.

DATA: _____ / _____ / _____

LIÇÃO 14

 OS LIVROS CONTAM MUITAS HISTÓRIAS.
CIRCULE O LIVRO QUE ESTÁ **ABERTO**. USE GIZ DE CERA.

Lelê gosta do que vê!

Vai à vida, vai ao vento

Brinca e solta o sentimento

DATA: _____ / _____ / _____

DEPOIS DE GUARDAR OS PERTENCES, FECHAMOS A MOCHILA. PINTE A MOCHILA QUE ESTÁ **FECHADA**.

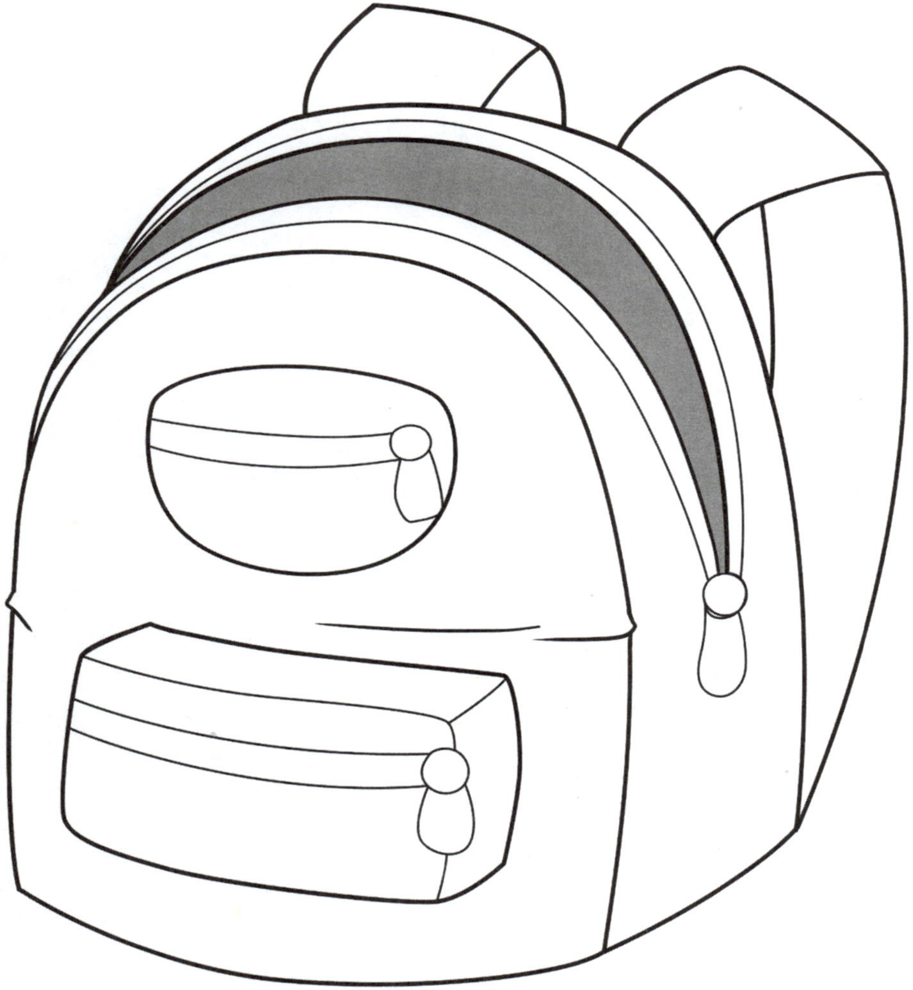

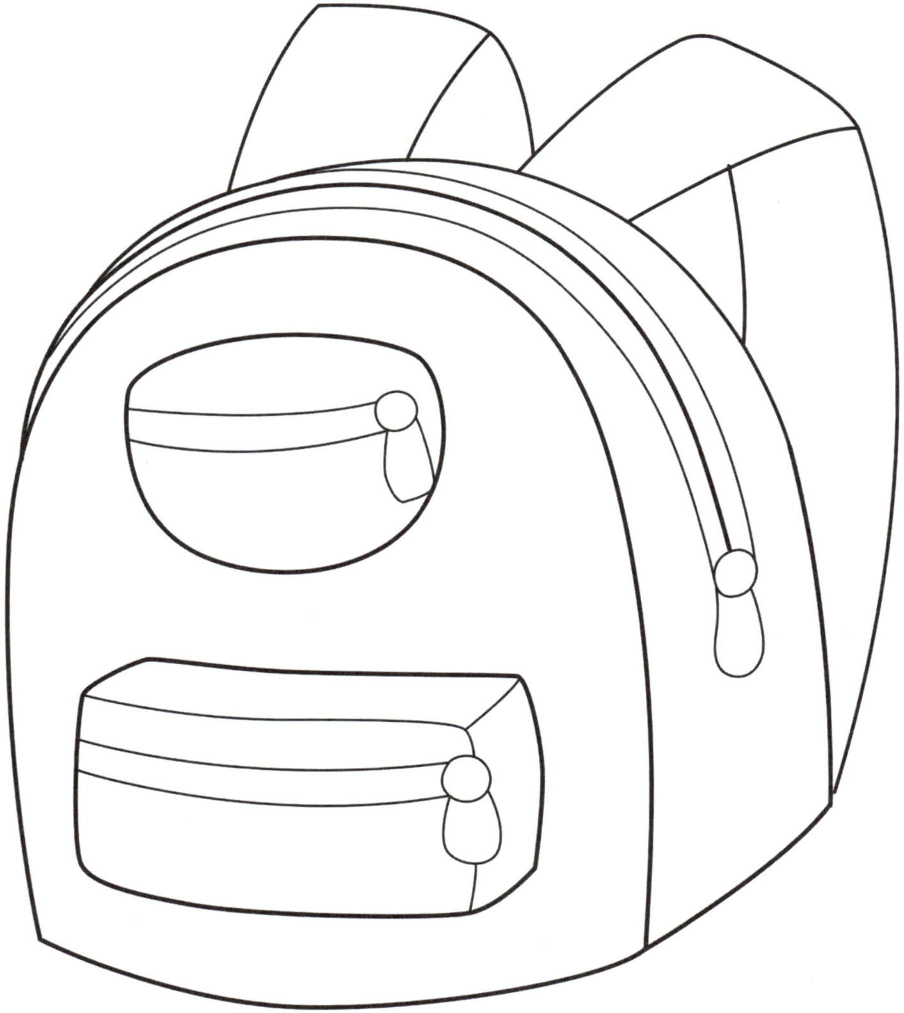

LIÇÃO 15

DATA: ____/____/____

LIÇÃO 16

COM A JANELA ABERTA, ENXERGAMOS MUITA COISA. CANTE A MÚSICA COM OS COLEGAS. DEPOIS, PINTE A JANELA QUE ESTÁ **ABERTA**.

A JANELINHA FECHA
QUANDO ESTÁ CHOVENDO.
A JANELINHA ABRE
SE O SOL ESTÁ APARECENDO.
PARA LÁ, PARA CÁ,
PARA LÁ, PARA CÁ, PARA LÁ.

DOMÍNIO PÚBLICO.

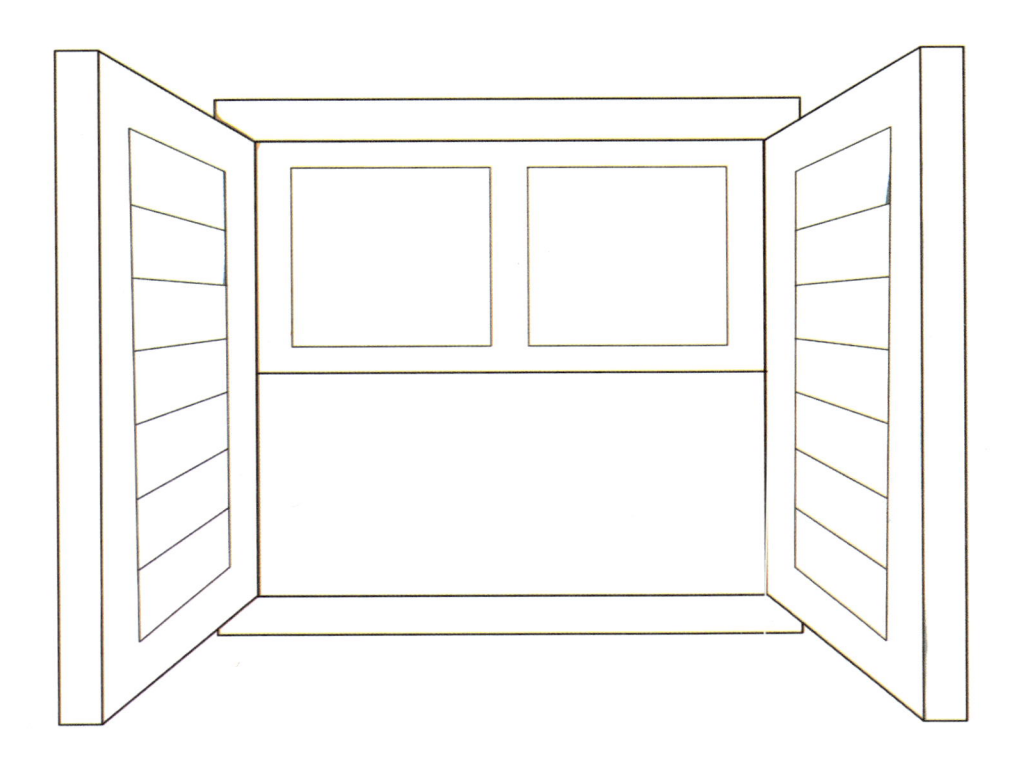

DATA: ____/____/____

LIÇÃO 17

AS FRUTAS TÊM CORES DIFERENTES.

COLE PEDACINHOS DE PAPEL AMARELO NA CESTA DE FRUTAS.

> MEU LANCHINHO,
> MEU LANCHINHO.
> VOU COMER,
> VOU COMER.
> VOU FICAR FORTINHO,
> VOU FICAR FORTINHO,
> E CRESCER,
> E CRESCER.
>
> DOMÍNIO PÚBLICO.

QUAL É O NOME DA FRUTA DE COR AMARELA?

DATA: ____/____/____

LIÇÃO 18

✏️ OS ALIMENTOS AJUDAM NO CRESCIMENTO. CIRCULE OS ALIMENTOS DE SUA PREFERÊNCIA.

BISCOITOS.

LEITE.

LEGUMES.

ARROZ, FEIJÃO E CARNE.

DATA: ____/____/____

23

LIÇÃO 19

✏️ AS FRUTAS SÃO FONTES DE VITAMINA.
QUAL É O NOME DESTAS FRUTAS? CIRCULE AS FRUTAS IGUAIS.

STOCKBYTE/GETTY IMAGES

MAKS NARODENKO/SHUTTERSTOCK

VALENTINA RAZUMOVA/SHUTTERSTOCK

VALENTINA RAZUMOVA/SHUTTERSTOCK

SWINNER/SHUTTERSTOCK

💬 VOCÊ COME FRUTAS NO SEU LANCHE? QUAL É SUA FRUTA PREFERIDA?

DATA: _____ / _____ / _____

OS ALIMENTOS SÃO IMPORTANTES PARA NOSSA SAÚDE. PINTE O LEGUME.

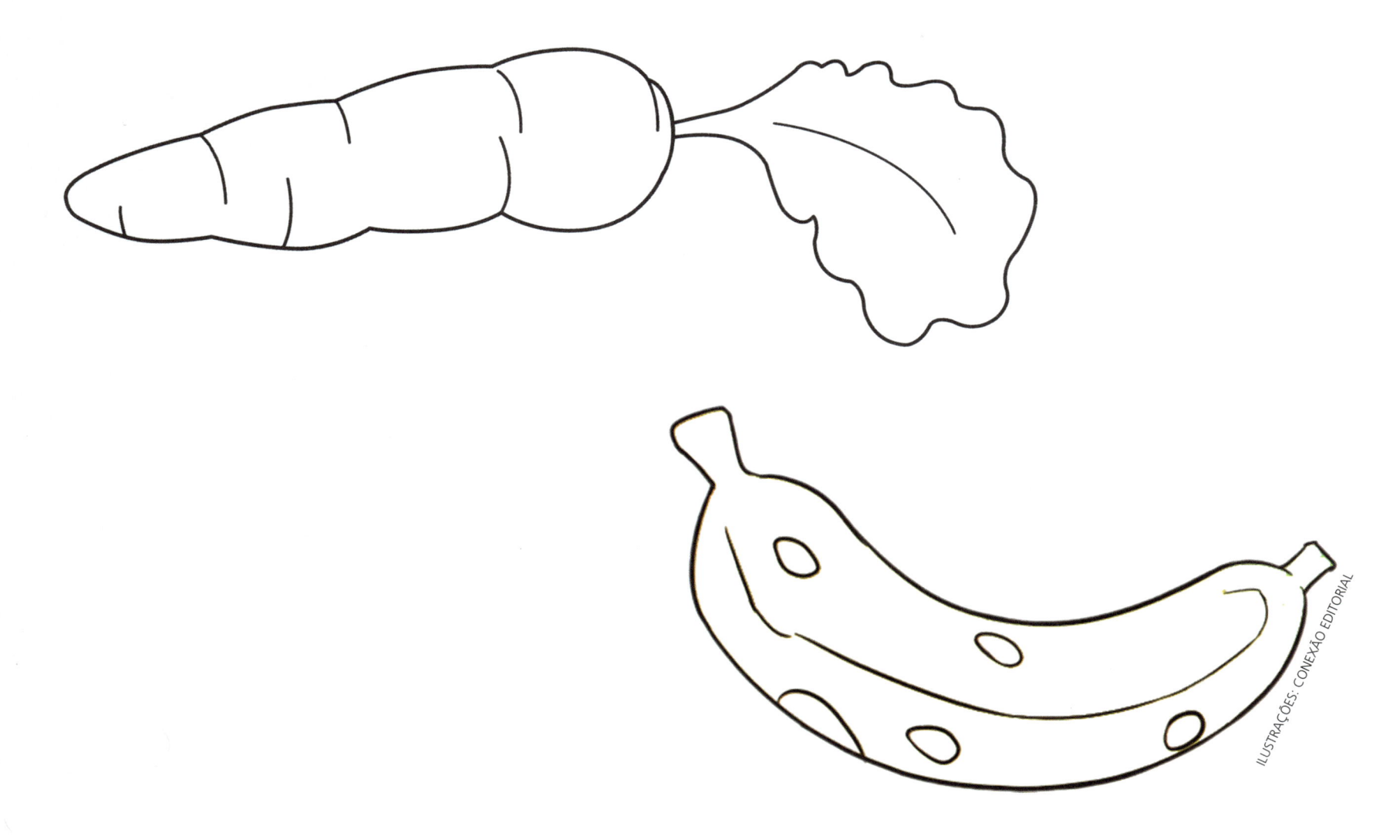

QUAL É O NOME DO LEGUME QUE VOCÊ PINTOU? QUE COR VOCÊ UTILIZOU?

DATA: _____/_____/_____

LIÇÃO 21

✏️ PODEMOS ENCONTRAR DIFERENTES CORES NA NATUREZA E NOS OBJETOS. FALE O NOME DOS OBJETOS E SUAS CORES. DEPOIS, CIRCULE O OBJETO AZUL.

DATA: ____ / ____ / ____

LIÇÃO 22

O PINTOR UTILIZA VÁRIAS CORES EM SUA PINTURA.
FAÇA UMA PINTURA COLORIDA. USE TINTA E UMA ESPONJA.

QUARTO EM ARLES (1889), DE VINCENT VAN GOGH. ÓLEO SOBRE TELA, 73 CM x 91 CM.

DATA: ____ /____ /____

27

LIÇÃO 23

O GIZ DE CERA RISCA O PAPEL.
CUBRA AS LINHAS.

DATA: _____/_____/_____

LIÇÃO 24

BRINCAR É DIVERTIDO.
OUÇA O NOME DE CADA BRINQUEDO E REPITA-O.
PINTE OS BRINQUEDOS COM OS QUAIS VOCÊ COSTUMA BRINCAR.

VOCÊ GOSTA DE BRINCAR? QUAL É SUA BRINCADEIRA PREFERIDA?

DATA: ____/____/____

LIÇÃO 25

AS PEÇAS DOS BRINQUEDOS SÃO COLORIDAS.
QUAIS SÃO AS CORES DAS PEÇAS DE ENCAIXE? CIRCULE A PEÇA AZUL.

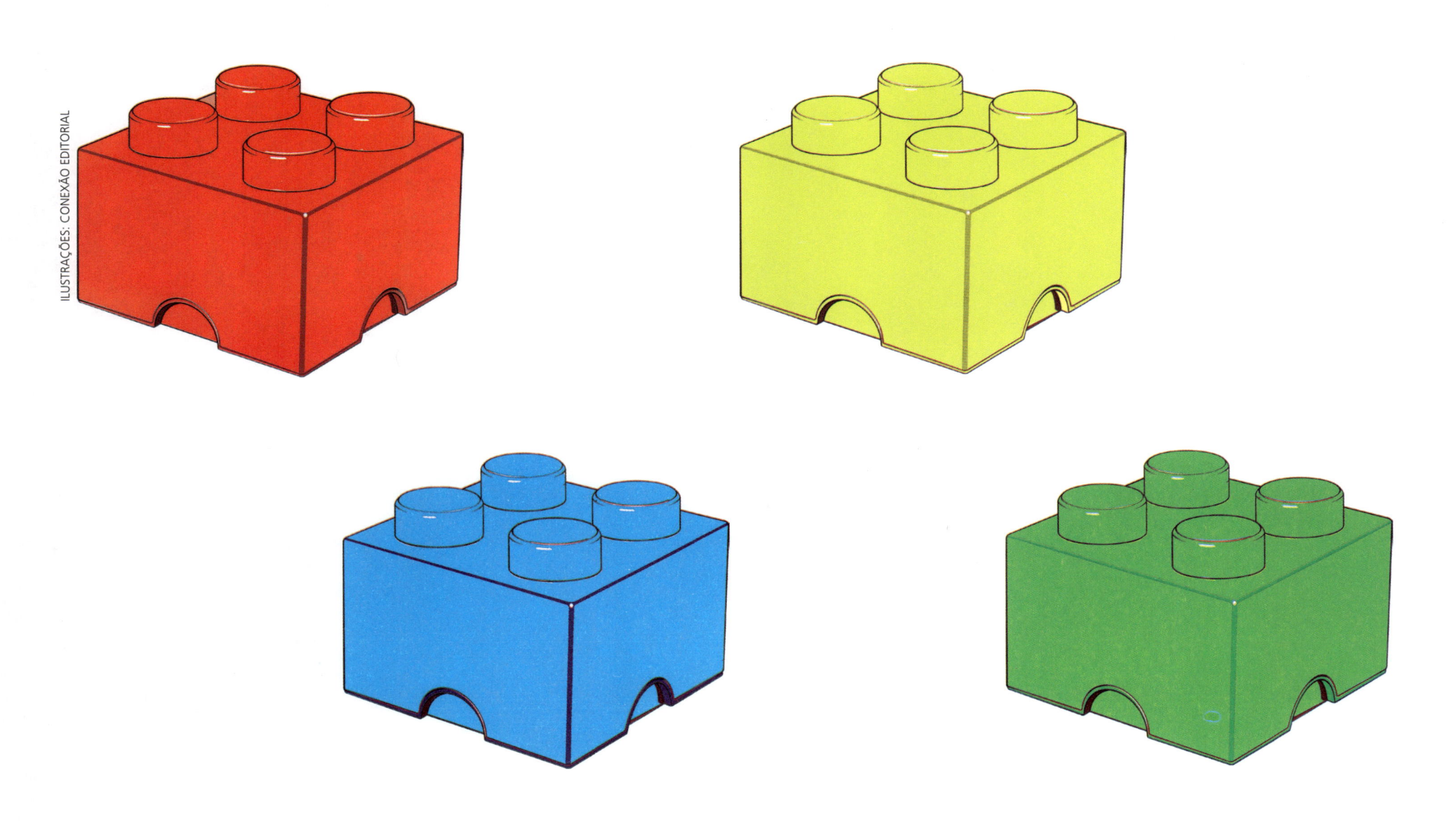

DATA: _____/_____/_____

LIÇÃO 26

O AZUL É A COR DO CÉU.
ESPALHE TINTA AZUL NO PAPEL. USE SUAS MÃOS.

DATA: _____ / _____ / _____

LIÇÃO 27

OS BRINQUEDOS DEVEM SER GUARDADOS EM LUGARES ADEQUADOS. MOSTRE O CAMINHO QUE A CRIANÇA FAZ PARA CHEGAR À CAIXA DE BRINQUEDOS.

CARLOS JORGE NUNES

DATA: ____/____/____

32

LIÇÃO 28

AS FLORES PODEM SER AMARELAS.
ESPALHE TINTA **AMARELA** DENTRO DA MOLDURA. USE SUAS MÃOS.

DATA: ____ / ____ / ____

LIÇÃO 29

O TREM CORRE NOS TRILHOS.
PINTE OS VAGÕES DO TRENZINHO NA COR **VERMELHA**.

DATA: ____/____/____

34

LIÇÃO 30

OS COELHOS BRINCAM NAS TOCAS.
CIRCULE OS COELHOS QUE ESTÃO **NA MESMA POSIÇÃO** DO COELHO EM DESTAQUE.

CARLOS JORGE NUNES

DATA: ____ / ____ / ____

LIÇÃO 31

EXISTEM BRINQUEDOS PEQUENOS E BRINQUEDOS GRANDES. PINTE O URSO **PEQUENO**.

DATA: ___/___/___

LIÇÃO 32

A BOLA É UM BRINQUEDO DIVERTIDO.
MOLHE O DEDO NA TINTA **VERMELHA** E CARIMBE A BOLA **GRANDE**.

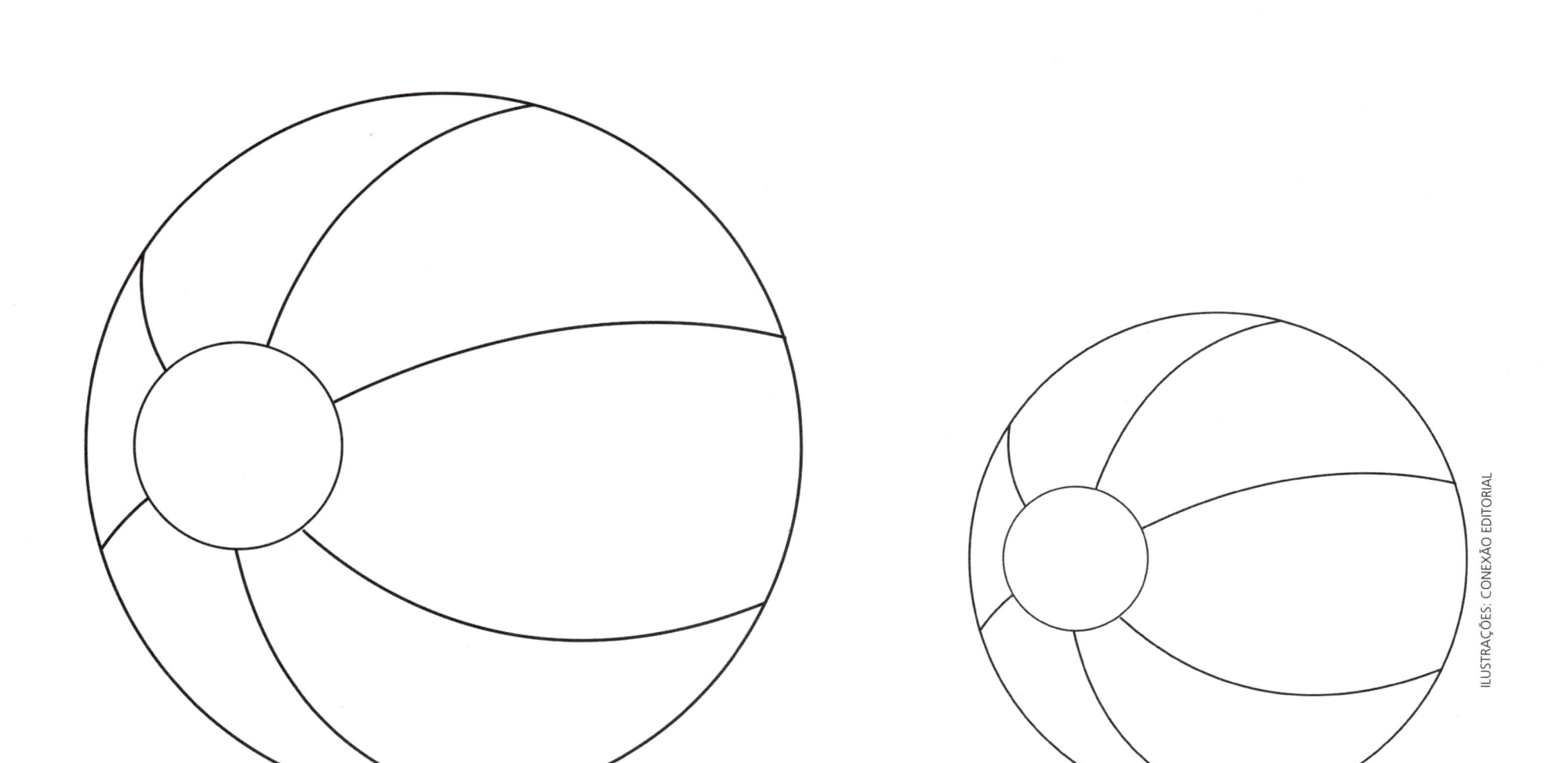

VOCÊ GOSTA DE JOGAR BOLA? COM QUEM VOCÊ JOGA?

DATA: ____/____/____

LIÇÃO 33

AS FIGURAS PODEM SER IGUAIS.
PROCURE, NA PÁGINA 112, O ADESIVO **IGUAL** AO BRINQUEDO ABAIXO E COLE-A NO QUADRO.

DATA: ____ /____ /____

LIÇÃO 34

OS BRINQUEDOS PODEM SER IGUAIS OU DIFERENTES. PINTE O BRINQUEDO **DIFERENTE**.

DATA: ____/____/____

LIÇÃO 35

AS MORADIAS SÃO DIFERENTES.
RETIRE DE REVISTAS IMAGENS DE MORADIAS E COLE-AS ABAIXO.

DATA: _____ /_____ /_____

AS MORADIAS TÊM DIFERENTES ESPAÇOS.
FAÇA UMA MARCA NOS BRINQUEDOS QUE ESTÃO **EMBAIXO** DA CAMA.

A CAMA ONDE VOCÊ DORME FICA EM QUE ESPAÇO DA CASA?

DATA: _____/_____/_____

NA MESA, FAZEMOS AS REFEIÇÕES.
COLE A CESTA DE FRUTAS **EM CIMA** DA MESA. USE O ADESIVO DA PÁGINA 112.

NA SUA CASA, ONDE VOCÊ COSTUMA FAZER AS REFEIÇÕES?

DATA: _____ / _____ / _____

LIÇÃO 38

O **CÍRCULO** É AMARELO E O **QUADRADO** É AZUL.
ESCOLHA APENAS UMA FIGURA E PINTE COM A COR INDICADA.

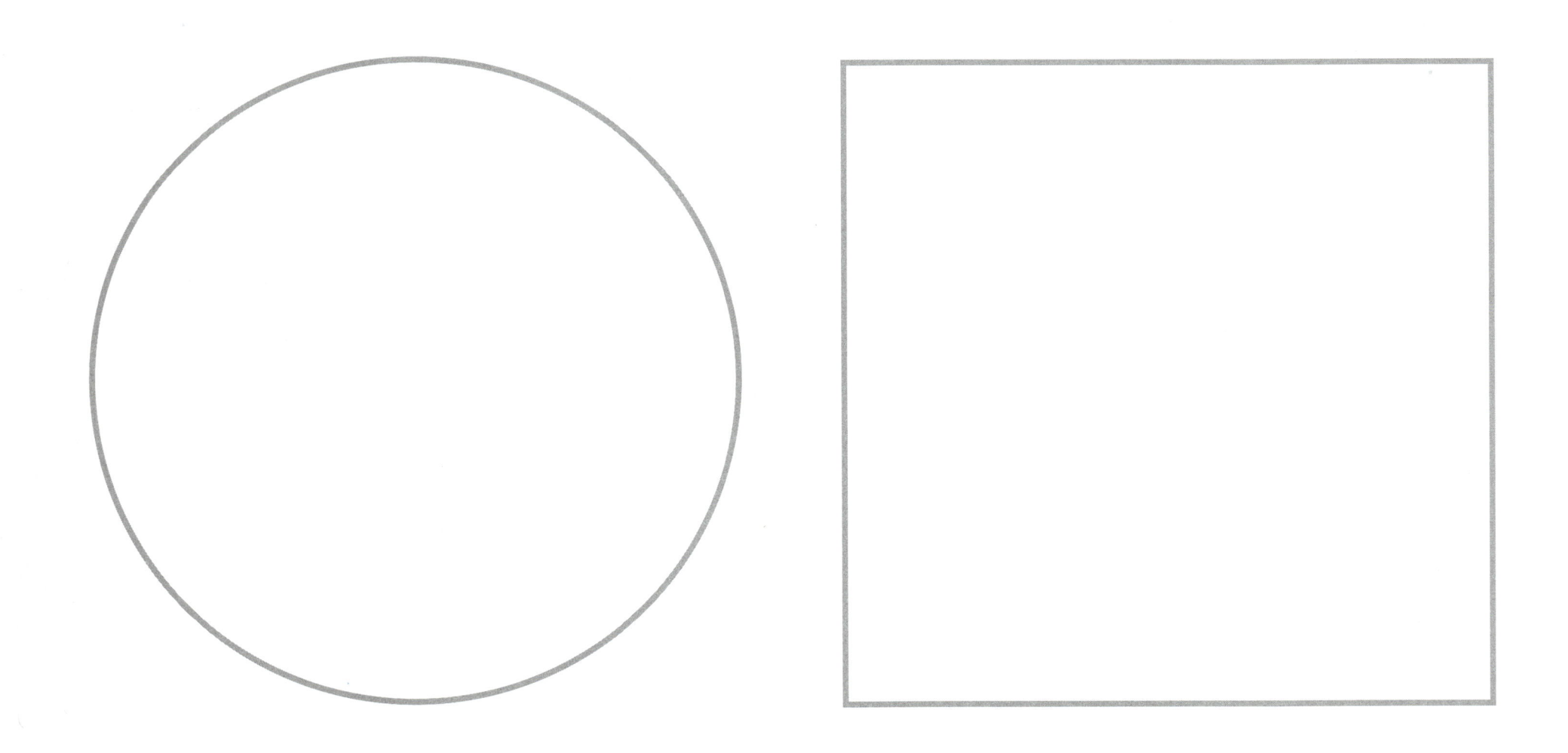

QUAL É O NOME DA FIGURA QUE VOCÊ PINTOU?

DATA: ____/____/____

LIÇÃO 39

MISTURANDO O AZUL E O AMARELO, PRODUZIMOS UMA NOVA COR. PEGUE UM POUQUINHO DE TINTA **AZUL** E OUTRO POUQUINHO DE TINTA **AMARELA**. MISTURE COM SEUS DEDOS E ESPALHE PELA FOLHA.

QUAL É O NOME DA NOVA COR?

DATA: ____/____/____

LIÇÃO 40

PRESERVAR O MEIO AMBIENTE É IMPORTANTE.
COM A AJUDA DA PROFESSORA, PASSE TINTA VERDE NA SUA MÃO.
DEPOIS, CARIMBE SUA MÃO E FORME A ÁRVORE.

VANESSA ALEXANDRE

DATA: _____ / _____ / _____

45

PODEMOS ENCONTRAR NA NATUREZA DIFERENTES TONS DE VERDE. PROCURE EM REVISTAS FIGURAS QUE APRESENTAM A COR VERDE E COLE-AS ABAIXO.

DATA: ____/____/____

LIÇÃO 42

OS BALÕES SÃO COLORIDOS.
PINTE OS BALÕES COM AS MESMAS CORES DOS LÁPIS.

DATA: _____/_____/_____

47

AS FLORES SÃO COLORIDAS.
PINTE AS FLORES USANDO CORES DIFERENTES.

DATA: ____ /____ /____

LIÇÃO 44

BRINCAR É SAUDÁVEL E DIVERTIDO.
OBSERVE A CENA, ENCONTRE E CIRCULE OS DETALHES DESTACADOS.

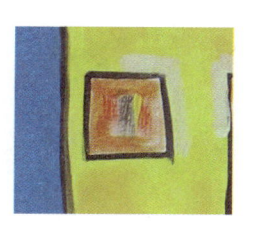

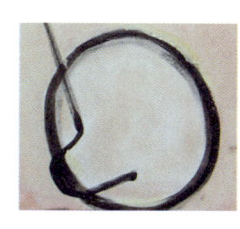

MENINA COM ARO (2007), DE IVAN CRUZ.
ACRÍLICO SOBRE TELA, 0,85 M x 0,55 M.

DATA: ____/____/____

LIÇÃO 45

COM O DEDO, VAMOS PASSAR POR CIMA DA LINHA, PARA CIMA E PARA BAIXO. DEPOIS, FAÇA O MESMO COM O GIZ DE CERA.

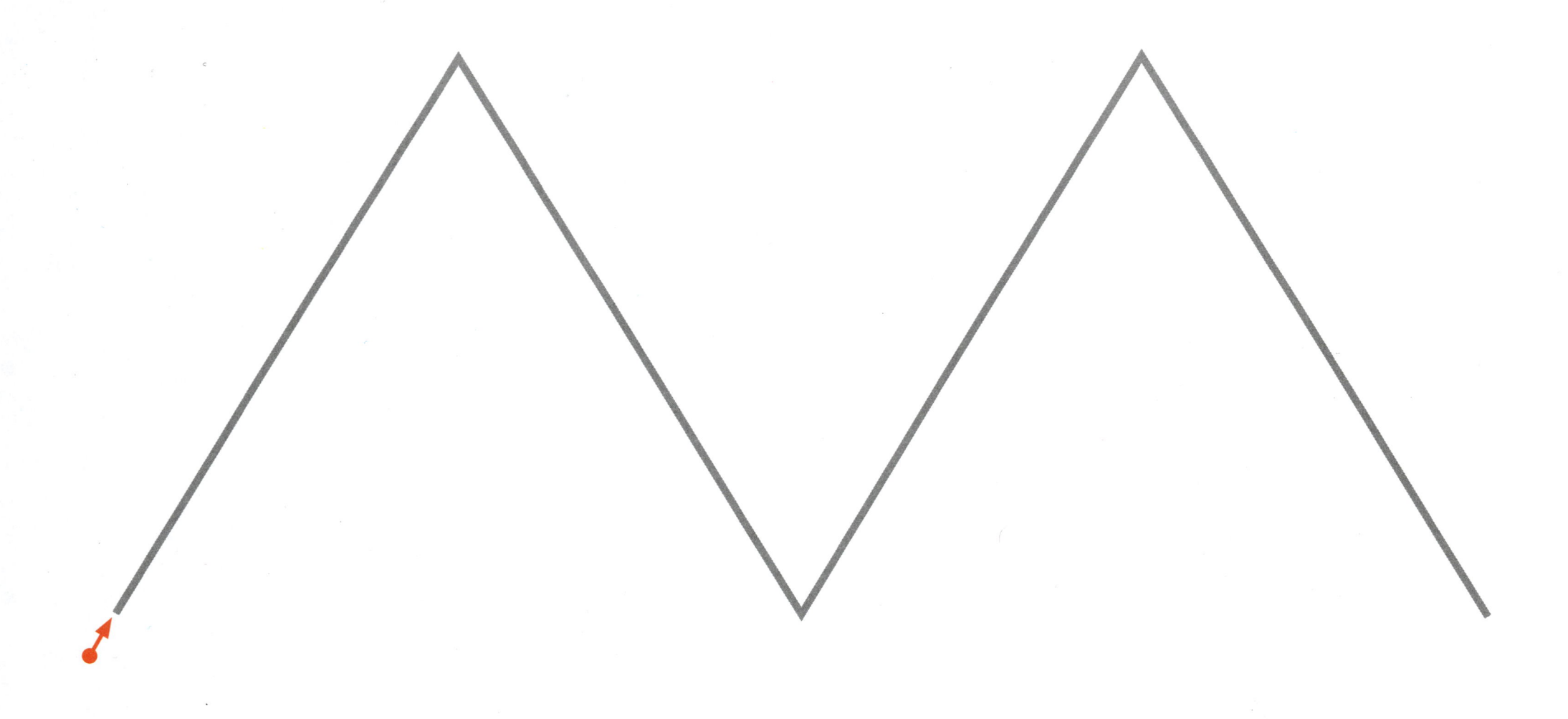

DATA: _____ / _____ / _____

MUITOS OBJETOS TÊM A FORMA DO **CÍRCULO**.
UTILIZE OS ADESIVOS DA PÁGINA 112 E COLE AS BOLAS NOS ESPAÇOS CORRESPONDENTES.

DATA: ____/____/____

LIÇÃO 47

O CÍRCULO ESTÁ VAZIO.
FAÇA UM DESENHO **DENTRO** DO CÍRCULO.

DATA: _____ / _____ / _____

LIÇÃO 48

O PEDAÇO DE PAPEL ESTÁ **FORA** DO CÍRCULO.
RASGUE UM PAPEL EM PEDAÇOS PEQUENOS E COLE-OS FORA DO CÍRCULO.

DATA: _____ / _____ / _____

OS CÍRCULOS PODEM TER DIFERENTES TAMANHOS. PINTE OS CÍRCULOS **PEQUENOS**.

DATA: ____ / ____ / ____

LIÇÃO 50

MUITOS OBJETOS TÊM A FORMA DO **QUADRADO**.
LIGUE O QUADRADO AO OBJETO QUE SE PARECE COM ELE.

DATA: ____/____/____

LIÇÃO 51

OS QUADRADOS PODEM SER COLORIDOS E TER DIFERENTES TAMANHOS. PINTE O QUADRADO **PEQUENO** DE AZUL E O QUADRADO **GRANDE** DE AMARELO.

DATA: _____ / _____ / _____

LIÇÃO 52

COM A PONTA DOS DEDOS, PODEMOS FAZER MUITAS COISAS. MOLHE A PONTA DOS DEDOS NA TINTA E FAÇA MARCAS **DENTRO** DO QUADRADO.

DATA: _____ / _____ / _____

LIÇÃO 53

O QUADRADO É VERMELHO.
FAÇA DUAS LINHAS RETAS PARA COMPLETAR O QUADRADO. DEPOIS, PINTE-O COM A COR **VERMELHA**.

DATA: ____/____/____

LIÇÃO 54

COM O DEDO, VAMOS FAZER UMA LINHA SEGUINDO O TRAÇADO. PASSE O GIZ DE CERA POR CIMA DA LINHA, SEM TIRAR A PONTA DELE DO PAPEL.

DATA: ____/____/____

LIÇÃO 55

✏️ OS ANIMAIS PRECISAM DE ALIMENTO PARA CRESCER. LIGUE CADA ANIMAL AO SEU ALIMENTO.

ILUSTRAÇÕES: CARLOS JORGE NUNES

DATA: _____/_____/_____

LIÇÃO 56

A VACA VIVE NO SÍTIO.
CANTE COM OS COLEGAS. DEPOIS, PINTE O ANIMAL QUE FAZ "MU".

SEU LOBATO
TINHA UM SÍTIO, IA, IA, Ô.
E NO SEU SÍTIO
TINHA UMA VAQUINHA, IA, IA, Ô.
ERA MU, MU, MU PRA CÁ,
ERA MU, MU, MU PRA LÁ,
ERA MU, MU, MU PRA TODO LADO,
IA, IA, Ô.

DOMÍNIO PÚBLICO.

DATA: _____/_____/_____

61

O SAPO VIVE NA LAGOA.
CANTE COM OS COLEGAS. DEPOIS, MOLHE O DEDO NA TINTA E PINTE A LAGOA.

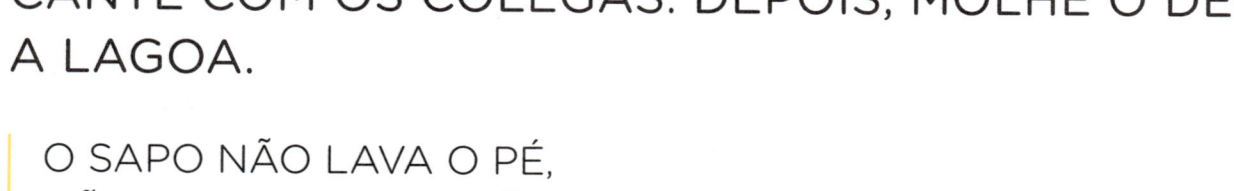

O SAPO NÃO LAVA O PÉ,
NÃO LAVA PORQUE NÃO QUER
ELE MORA LÁ NA LAGOA
E NÃO LAVA O PÉ
PORQUE NÃO QUER,
MAS QUE CHULÉ!

DOMÍNIO PÚBLICO.

CARLOS JORGE NUNES

LIÇÃO 57

DATA: ____/____/____

LIÇÃO 58

A TARTARUGA TEM CASCO ÁSPERO E DURO.
RASGUE O PAPEL COM A PONTA DOS DEDOS. DEPOIS, COLE-O NO CASCO DA TARTARUGA.

DATA: ____/____/____

LIÇÃO 59

O PINTINHO É O FILHOTE DA GALINHA.
CANTE COM OS COLEGAS. DEPOIS, PINTE O ANIMAL.

MEU PINTINHO AMARELINHO
CABE AQUI NA MINHA MÃO,
NA MINHA MÃO.
QUANDO QUER COMER BICHINHOS,
COM OS SEUS PEZINHOS
ELE CISCA O CHÃO.
ELE BATE AS ASAS,
ELE FAZ PIU-PIU!
MAS TEM MUITO MEDO
É DO GAVIÃO.

DOMÍNIO PÚBLICO.

CARLOS JORGE NUNES

DATA: ____/____/____

LIÇÃO 60

OS PINTINHOS NASCEM DE OVOS.
UTILIZE OS ADESIVOS DA PÁGINA 113 E COLE OS OVOS NO NINHO.

QUANTOS OVOS VOCÊ COLOU NO NINHO?

DATA: ____/____/____

O JACARÉ TOMA SOL FORA DA LAGOA.
CIRCULE O JACARÉ QUE ESTÁ **FORA** DA LAGOA.

DATA: ____/____/____

LIÇÃO 62

O TATU É UMA ESPÉCIE DE ANIMAL QUE MORA EM UMA TOCA. MOLHE SEU DEDO NA TINTA E CARIMBE TODO O CAMINHO QUE LEVA O TATU ATÉ SUA TOCA.

> ALÔ? O TATU TÁ AÍ?
> NÃO, O TATU NÃO TÁ.
> MAS A MULHER DO TATU TANDO
> É O MESMO QUE O TATU TÁ.
>
> DOMÍNIO PÚBLICO.

DATA: ____/____/____

LIÇÃO 63

OS ANIMAIS PRECISAM DE ALIMENTOS PARA CRESCER SAUDÁVEIS. LEVE O CACHORRINHO ATÉ O POTE QUE ESTÁ **CHEIO** DE RAÇÃO.

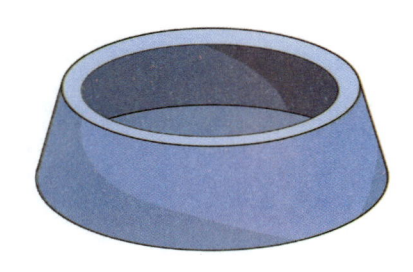

DATA: _____/_____/_____

LIÇÃO 64

AS BOLINHAS DE GUDE PODEM SER GUARDADAS EM POTES. PINTE O POTE QUE ESTÁ **VAZIO**.

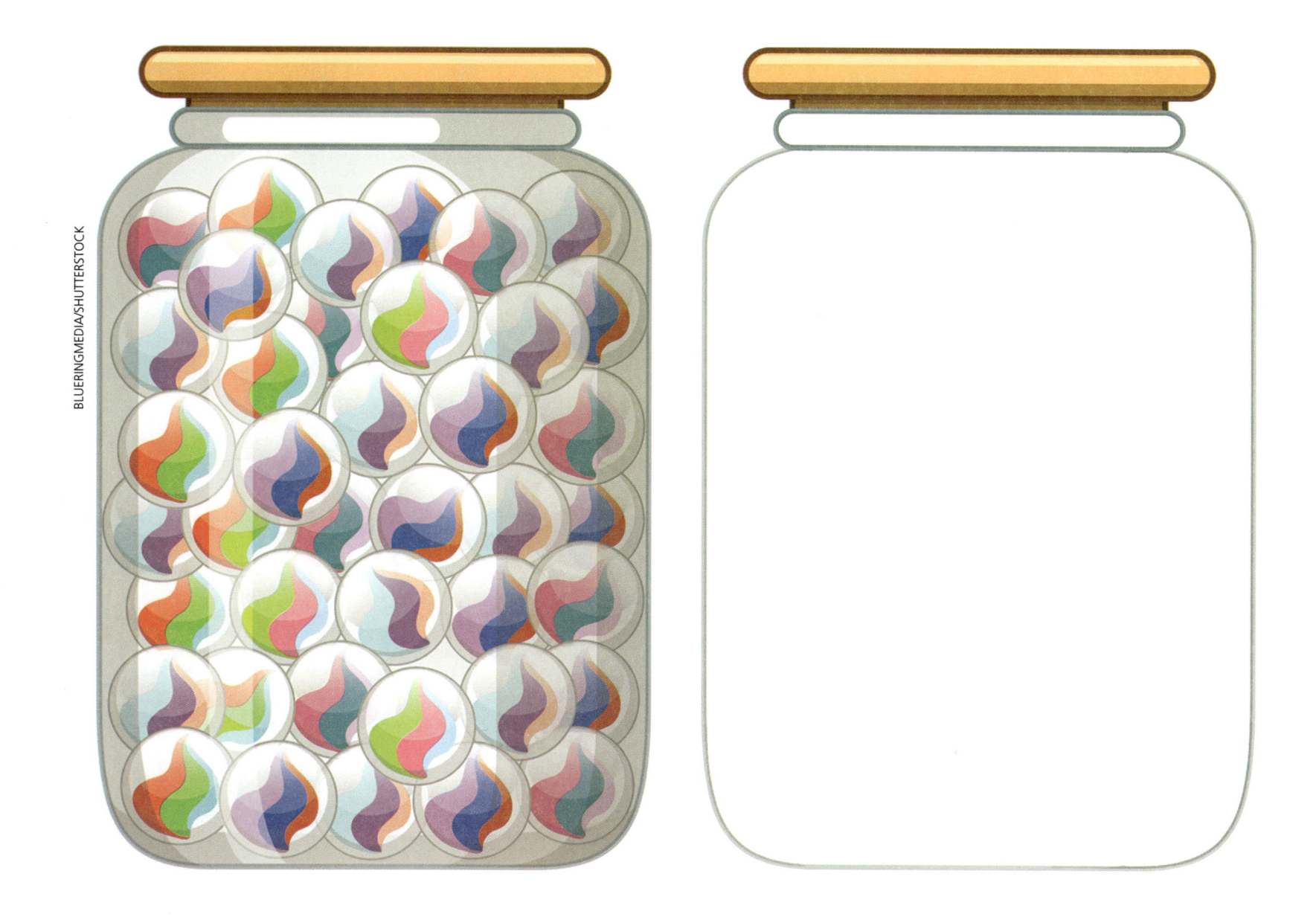

DATA: _____ / _____ / _____

LIÇÃO 65

AS CRIANÇAS TÊM DIFERENTES TAMANHOS. RISQUE A CRIANÇA MAIS **ALTA**.

DATA: _____ /_____ /_____

LIÇÃO 66

A FILA ESTÁ ORGANIZADA POR TAMANHO. PINTE A CRIANÇA MAIS **BAIXA** DA FILA.

DATA: ____/____/____

71

LIÇÃO 67

NA BRINCADEIRA DE ESTÁTUA, UMA CRIANÇA FICOU **EM PÉ** E A OUTRA **SENTADA**. CIRCULE A CRIANÇA QUE ESTÁ **EM PÉ**.

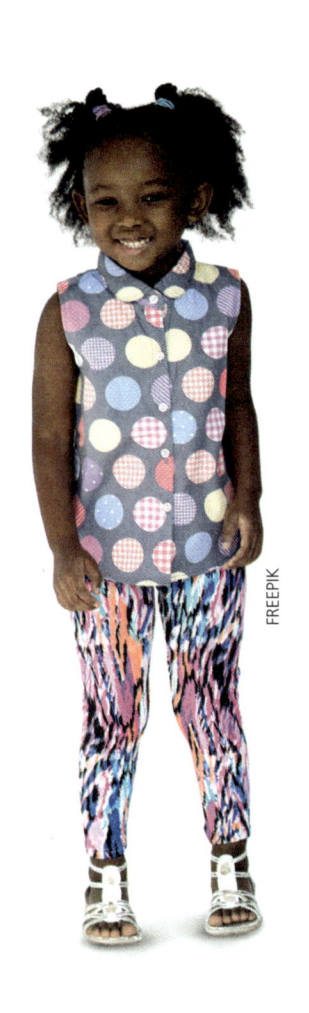

VOCÊ JÁ BRINCOU DE ESTÁTUA? CONTE PARA A PROFESSORA E OS COLEGAS.

DATA: ____ /____ /____

LIÇÃO 68

AS CRIANÇAS BRINCAM DE MÍMICA.
PINTE A CRIANÇA QUE ESTÁ **DEITADA**, IMITANDO UMA COBRA.

VOCÊ JÁ BRINCOU DE MÍMICA? CONTE COMO FOI A BRINCADEIRA.

DATA: _____/_____/_____

HÁ VÁRIOS TIPOS DE BRINCADEIRA. UMA DELAS É A CORRIDA DE SACO. CIRCULE A CRIANÇA QUE ESTÁ **NA FRENTE** DE TODAS.

LIÇÃO 69

DATA: ____ /____ /____

74

LIÇÃO 70

EXISTEM OBJETOS DE DIFERENTES TAMANHOS. ESCOVAMOS OS DENTES COM A ESCOVA DENTAL. PINTE A ESCOVA **MENOR**.

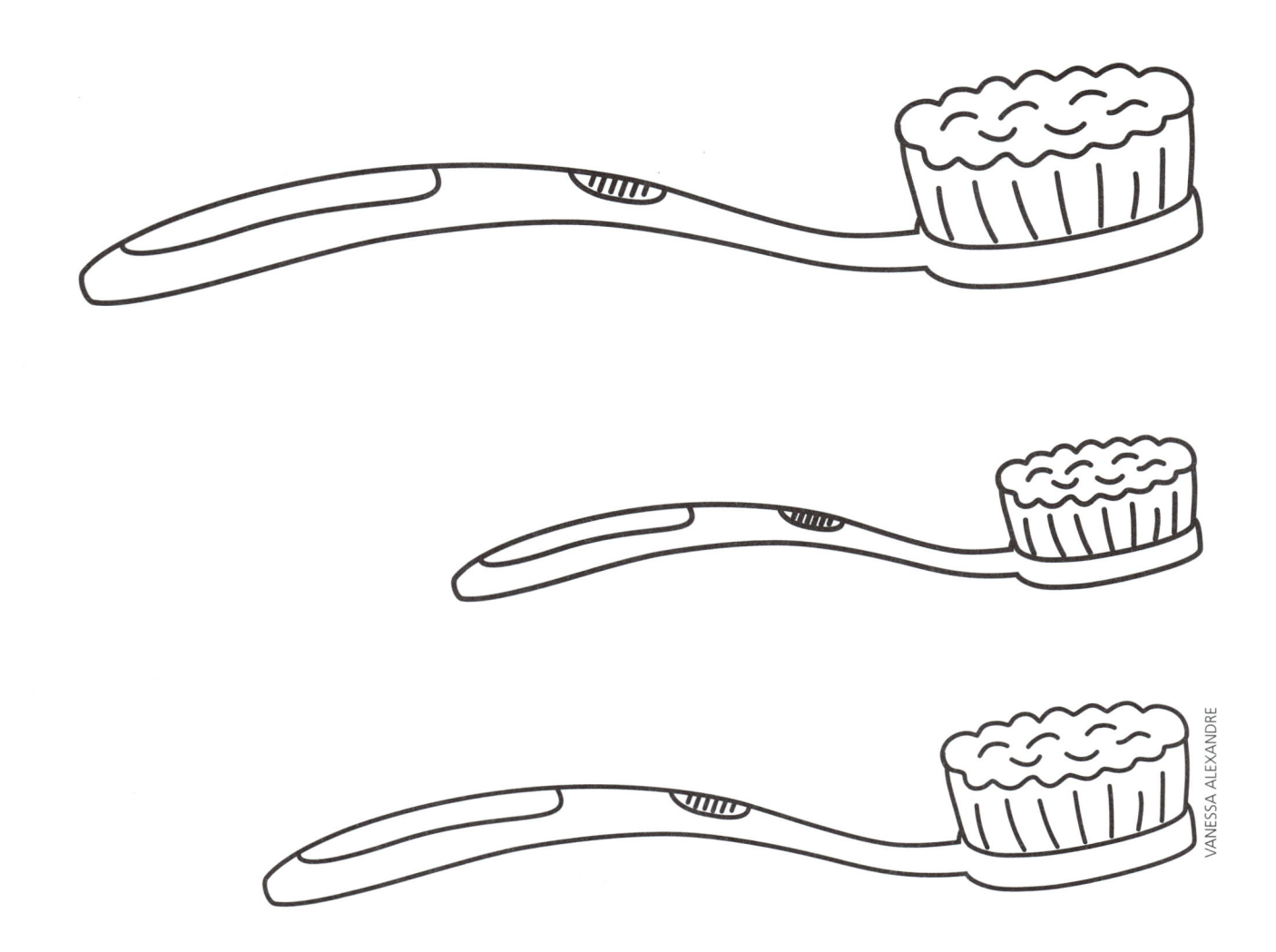

COMO VOCÊ ESCOVA OS DENTES?

DATA: ____ /____ /____

LIÇÃO 71

EXISTEM OBJETOS DO MESMO TAMANHO.
COLE OS ADESIVOS DA PÁGINA 113 SOBRE AS CAIXAS DE PRESENTE QUE TÊM O **MESMO TAMANHO**.

DATA: _____/_____/_____

76

LIÇÃO 72

OS TRANSPORTES CIRCULAM EM DIFERENTES DIREÇÕES. PINTE O CARRINHO QUE ESTÁ NA **DIREÇÃO CONTRÁRIA** DOS OUTROS.

DATA: ____/____/____

77

OS PEIXES VIVEM NA ÁGUA.
CIRCULE A CENA QUE TEM **MUITOS** PEIXES.

COMO PODE UM PEIXE VIVO
VIVER FORA DA ÁGUA FRIA?
COMO PODEREI VIVER,
COMO PODEREI VIVER,
SEM A TUA, SEM A TUA,
SEM A TUA COMPANHIA?

DOMÍNIO PÚBLICO.

DATA: ____/____/____

LIÇÃO 74

PINTE A CRIANÇA QUE TEM **POUCOS** BALÕES.

DATA: ____/____/____

LIÇÃO 75

ESTE É O NÚMERO 1.
A CENA MOSTRA 1 GATO E 1 BOLINHA. MOLHE SEU DEDO NA TINTA E PINTE A BOLINHA.

1

CARLOS JORGE NUNES

DATA: ____/____/____

80

LIÇÃO 76

OS ANIMAIS PROTEGEM SEUS FILHOTES.
PINTE APENAS **1** DOS FILHOTES.

DATA: ____/____/____

LIÇÃO 77

A MENINA SEGURA BALÕES.
PINTE APENAS **1** DOS BALÕES QUE A MENINA ESTÁ SEGURANDO.

DATA: ____/____/____

LIÇÃO 78

ESTE É O NÚMERO 2. PODEMOS REPRESENTAR O NÚMERO 2 DE ALGUMAS MANEIRAS.
UTILIZE OS ADESIVOS DA PÁGINA 114 E COLE **2** BRINQUEDOS DENTRO DO CÍRCULO.

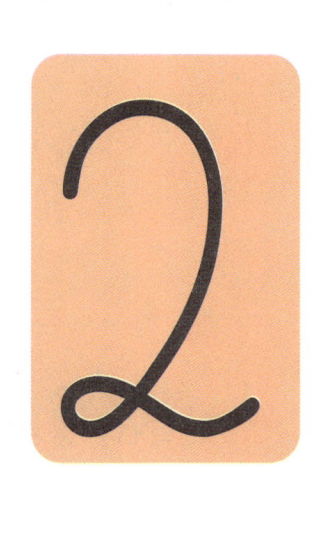

2

DATA: ____ /____ /____

LIÇÃO 79

VAMOS CONTAR OS BRINQUEDOS.
LIGUE O NÚMERO **2** AO GRUPO QUE CONTÉM **2** BRINQUEDOS.

DATA: _____ / _____ / _____

LIÇÃO 80

O AVIÃO E A BICICLETA SÃO MEIOS DE TRANSPORTE.
COLE OS ADESIVOS DA PÁGINA 114 DENTRO DOS QUADRADOS, DE ACORDO COM A QUANTIDADE PEDIDA.

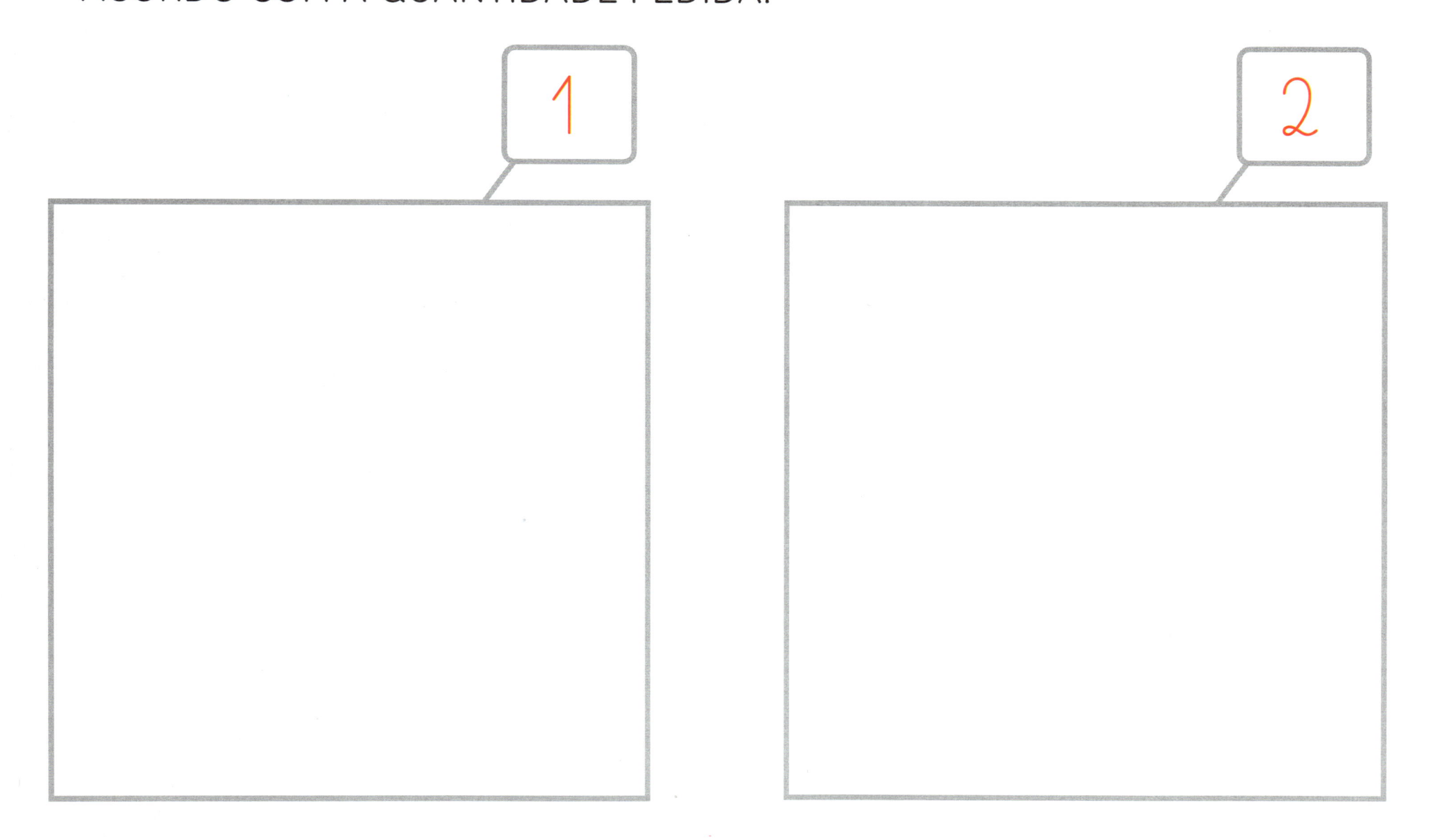

1

2

DATA: ____ /____ /____

LIÇÃO 81

✏️ ESTE É O NÚMERO 3.
CIRCULE O NINHO QUE TEM **3** PASSARINHOS.

3

DATA: ____ / ____ / ____

86

LIÇÃO 82

OS PATOS TOMAM BANHO NA LAGOA.
LIGUE O NÚMERO **3** À LAGOA QUE TEM **3** PATOS.

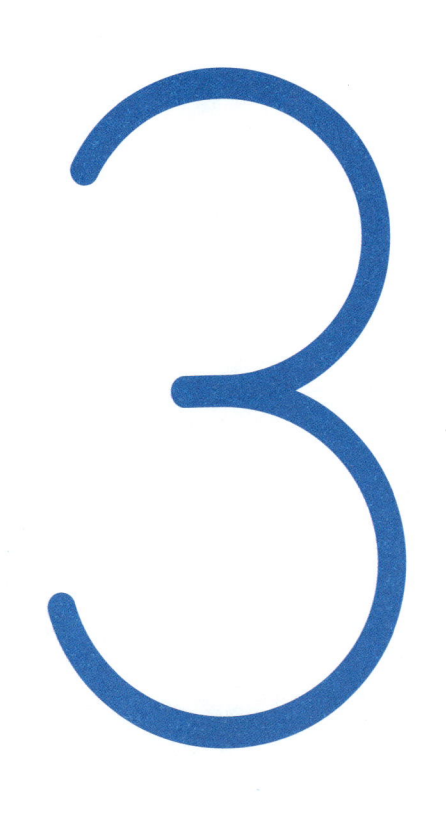

3

DATA: ____/____/____

O PIRULITO É COLORIDO.
MOLHE O DEDO NA TINTA E PASSE NOS **3** PALITOS DOS PIRULITOS.

> PIRULITO QUE BATE, BATE
> PIRULITO QUE JÁ BATEU
> QUEM GOSTA DE MIM É ELA
> QUEM GOSTA DELA SOU EU.
> DOMÍNIO PÚBLICO.

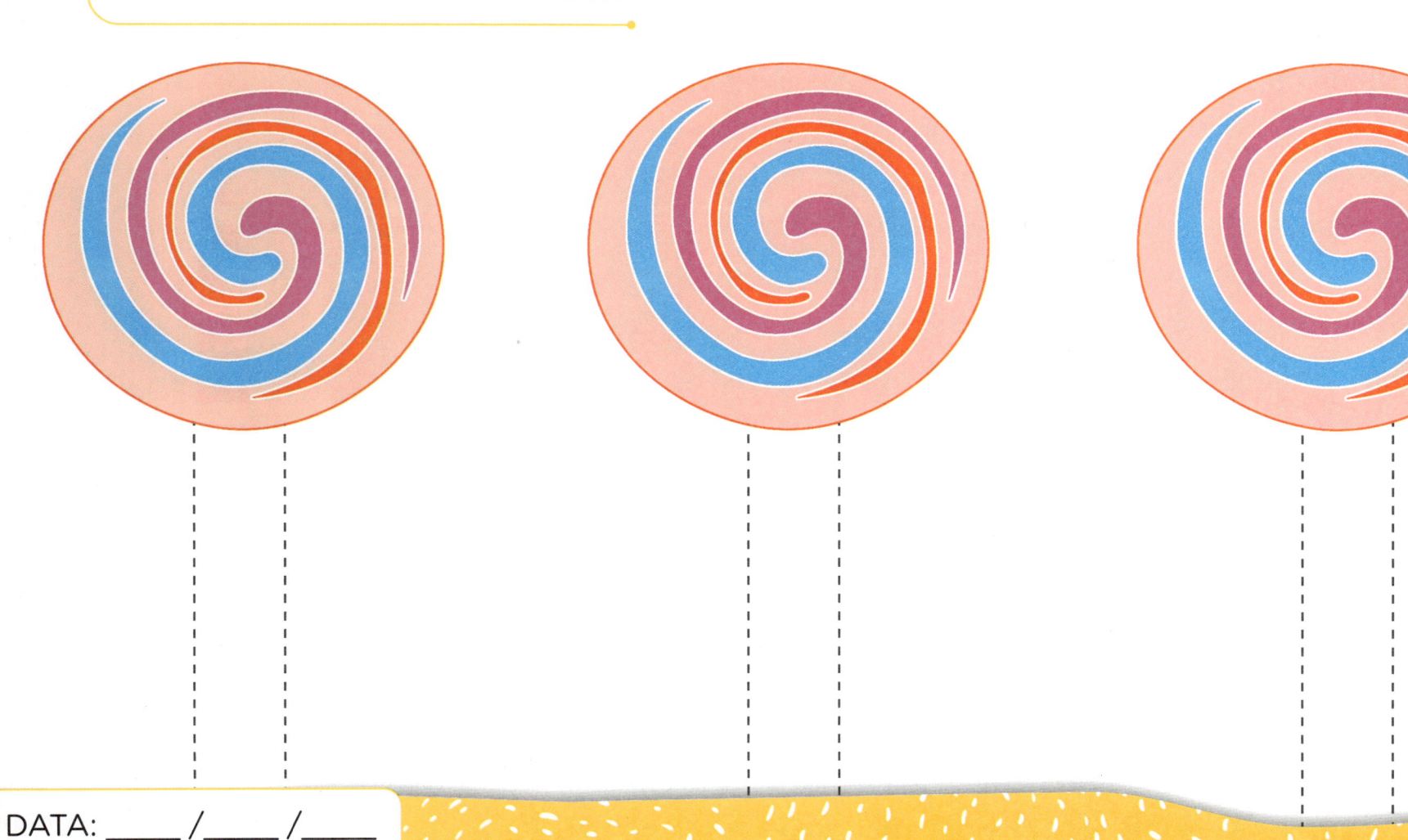

LIÇÃO 84

ESTE É O NÚMERO 4.
AS CRIANÇAS BRINCAM DE ESCONDE-ESCONDE. ENCONTRE **4** CRIANÇAS QUE ESTÃO ESCONDIDAS.

4

DATA: ____/____/____

89

AS CRIANÇAS TOCAM NA BANDINHA DA ESCOLA.
CONTE QUANTAS CRIANÇAS ESTÃO TOCANDO.
CIRCULE O NÚMERO QUE CORRESPONDE À QUANTIDADE DE CRIANÇAS.

1

2

3

4

VOCÊ CONHECE ALGUM INSTRUMENTO MUSICAL? QUAL?

DATA: ____/____/____

LIÇÃO 86

OS PINOS SÃO PEÇAS DO JOGO DE BOLICHE.
PINTE OS **4** PINOS.

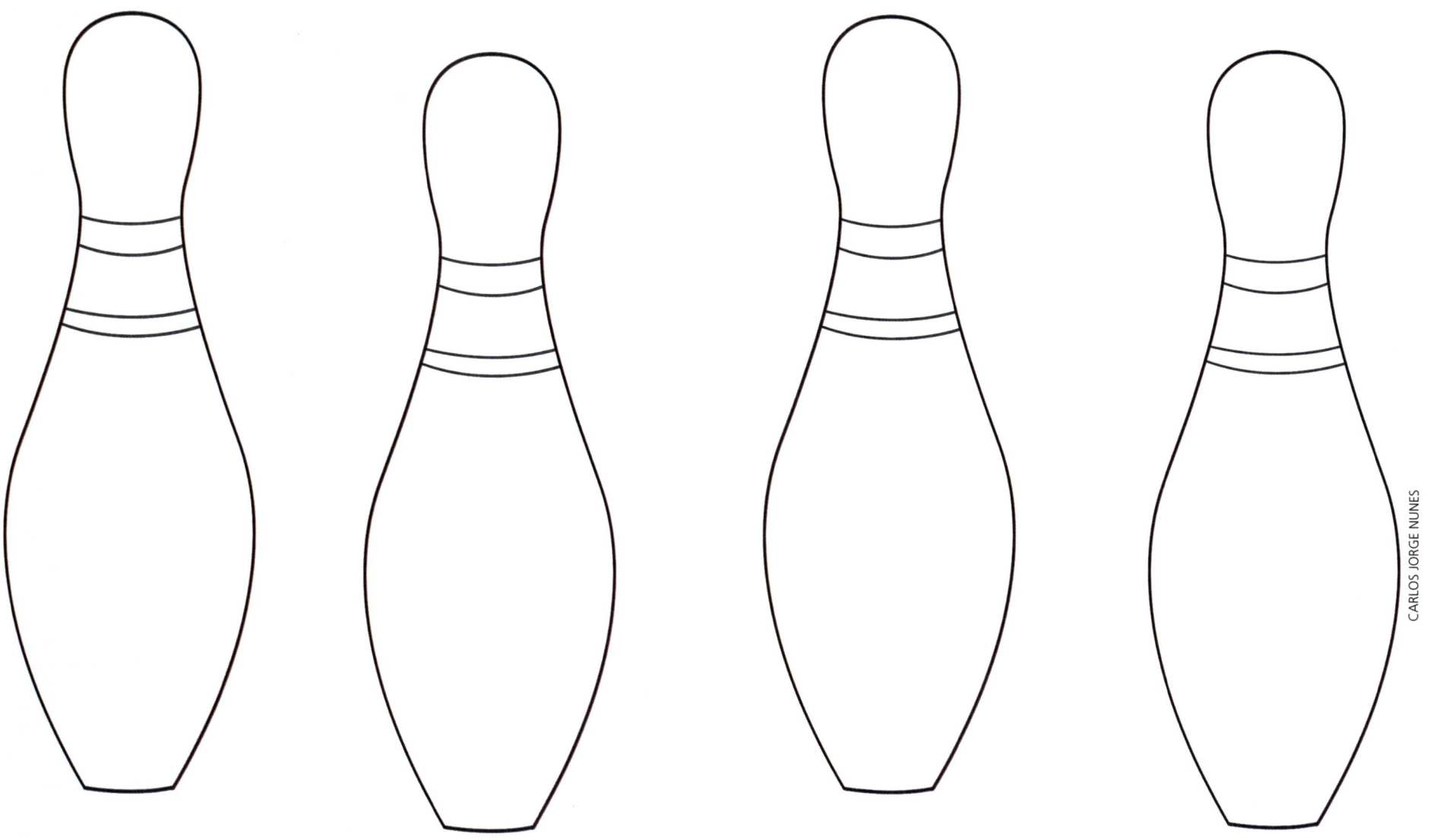

VOCÊ JÁ BRINCOU DE JOGAR BOLICHE?

DATA: _____ / _____ / _____

OS PINOS SÃO PEÇAS DO JOGO DE BOLICHE.
PINTE OS 4 PINOS.

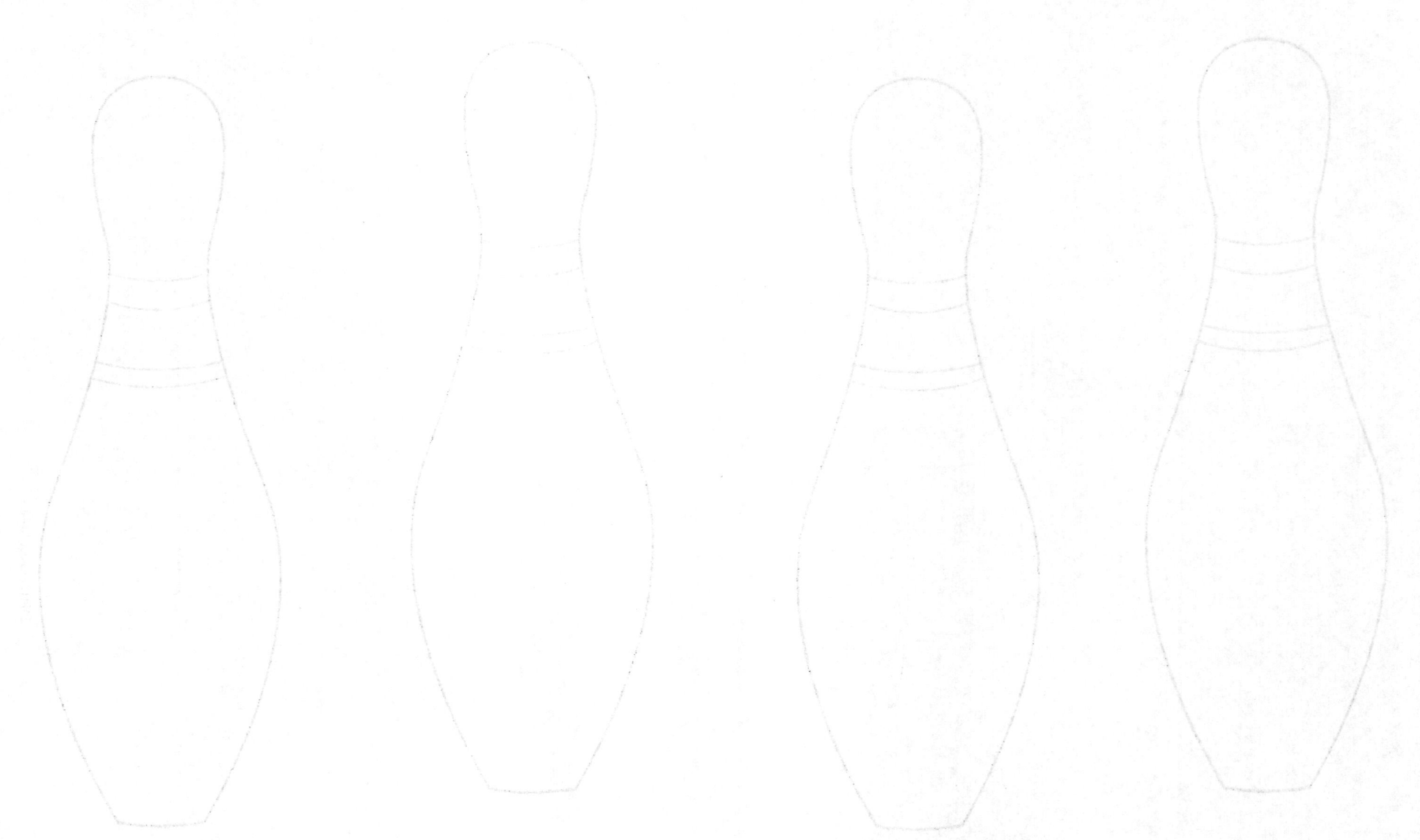

VOCÊ JÁ BRINCOU DE JOGAR BOLICHE?

LIÇÃO 87

ESTE É O NÚMERO 5.
AS OVELHAS ANDAM NO PASTO. CONTE E PINTE **5** OVELHAS.

DATA: ____/____/____

**NA FLORICULTURA HÁ 5 VASOS.
COLE UMA FLOR EM CADA VASO. USE OS ADESIVOS DA PÁGINA 114.**

LIÇÃO 88

QUANTAS FLORES VOCÊ COLOU?

DATA: ____ / ____ / ____

LIÇÃO 89

✏️ O GATO E O CACHORRO SÃO ANIMAIS DOMÉSTICOS. CONTORNE O GRUPO QUE TEM **5** ANIMAIS.

🗨️ VOCÊ CONTORNOU O GRUPO DOS GATOS OU DOS CACHORROS?

DATA: ____/____/____

ALMANAQUE

SUMÁRIO

ANIVERSÁRIO 96
(RECORTE NAS LINHAS TRACEJADAS. DEPOIS, MONTE O QUEBRA-CABEÇAS.)

CARNAVAL 97
(RECORTE NAS LINHAS TRACEJADAS E ENFEITE A MÁSCARA COMO QUISER.)

PÁSCOA 98
(CANTE A MÚSICA. DEPOIS, DESENHE UMA CENOURA NA BARRIGA DO COELHINHO.)

ORELHAS DO COELHO DA PÁSCOA 99
(RECORTE NAS LINHAS TRACEJADAS E ENFEITE COMO QUISER.)

DIA DO CIRCO – 15 DE MARÇO 100
(PINTE A CENA E RECORTE O QUADRINHO PARA ENFEITAR A SALA NO DIA DO CIRCO.)

DIA DOS POVOS INDÍGENAS – 19 DE ABRIL 101
(RECORTE NAS LINHAS TRACEJADAS E MONTE O ADEREÇO INDÍGENA COM A AJUDA DA PROFESSORA.)

DIA DAS MÃES – SEGUNDO DOMINGO DE MAIO 102
(RECORTE NAS LINHAS TRACEJADAS. PINTE A FLOR E ENTREGUE PARA SUA MÃE OU OUTRA PESSOA MUITO ESPECIAL.)

FESTAS JUNINAS 103
(RECORTE NAS LINHAS TRACEJADAS. DEPOIS, MONTE O QUEBRA-CABEÇAS.)

DIA DOS PAIS – SEGUNDO DOMINGO DE AGOSTO ... 104
(RECORTE NAS LINHAS TRACEJADAS. PINTE O CARRO E ENTREGUE PARA SEU PAI OU OUTRA PESSOA MUITO ESPECIAL.)

DIA DO FOLCLORE – 22 DE AGOSTO 105
(RECORTE NAS LINHAS TRACEJADAS. COLE TIRAS DE PAPEL COLORIDO NO BOI BUMBÁ E ENFEITE A SALA NO DIA DO FOLCLORE.)

DIA DA ÁRVORE – 21 DE SETEMBRO 106
(RECORTE NAS LINHAS TRACEJADAS E ENFEITE A ÁRVORE COMO QUISER.)

DIA DAS CRIANÇAS – 12 DE OUTUBRO (PARTE 1) ... 107
(RECORTE NAS LINHAS TRACEJADAS. PINTE A CENA E DÊ O QUADRINHO DE PRESENTE PARA UMA CRIANÇA.)

DIA DAS CRIANÇAS – 12 DE OUTUBRO (PARTE 2) ... 108
(RECORTE NAS LINHAS TRACEJADAS. BRINQUE COM OS DEDOCHES.)

DIA DO PROFESSOR – 15 DE OUTUBRO 109
(RECORTE NAS LINHAS TRACEJADAS. ENFEITE AS FLORES COMO QUISER E ENTREGUE PARA A PROFESSORA.)

FESTAS DE FIM DE ANO 110
(RECORTE NAS LINHAS TRACEJADAS. PINTE O SINO COMO QUISER E ENFEITE A SALA NA ÚLTIMA SEMANA DE AULA.)

Parte integrante da coleção *Eu gosto m@is* – Educação Infantil – volume inicial – IBEP.

ANIVERSÁRIO – QUEBRA-CABEÇA

ALMANAQUE

Parte integrante da coleção **Eu gosto m@is** – Educação Infantil – volume inicial – IBEP.

CARNAVAL

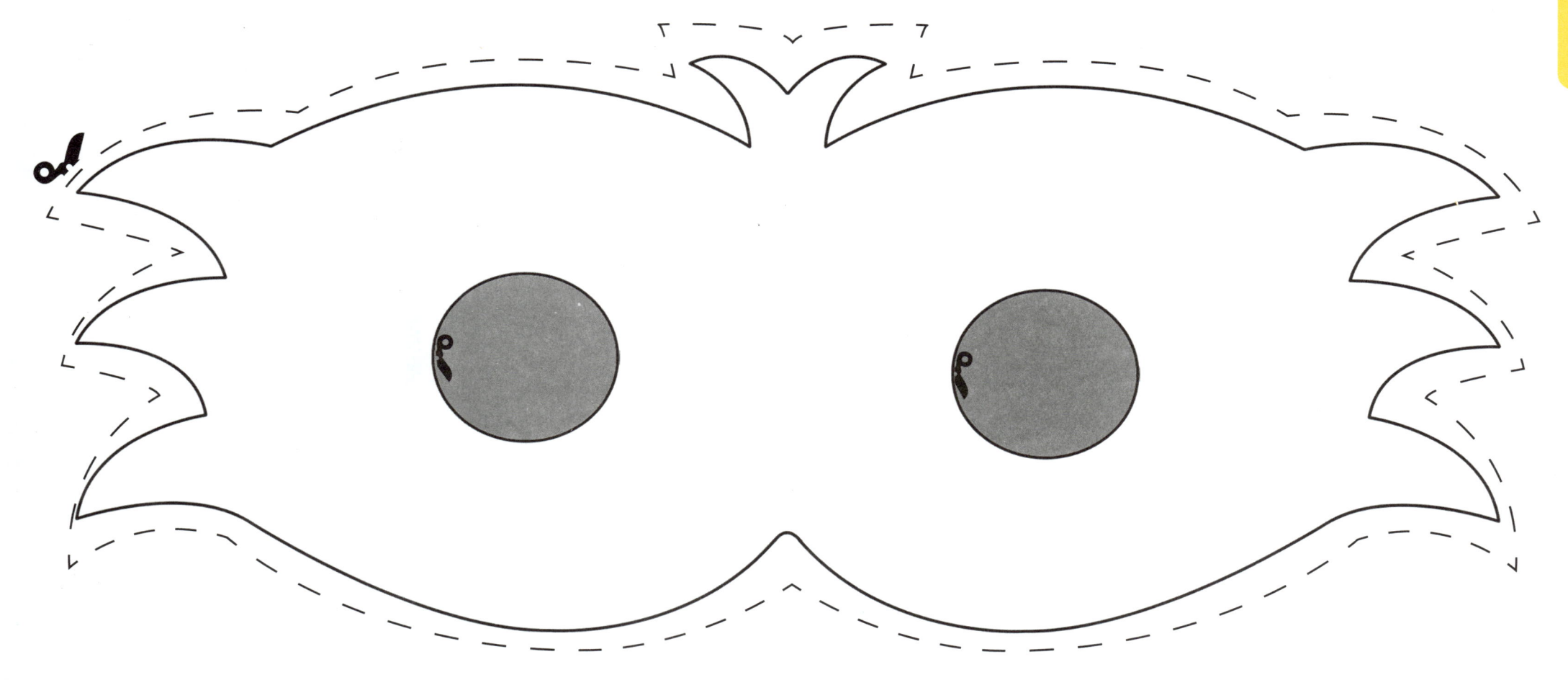

ALMANAQUE

Parte integrante da coleção **Eu gosto m@is** – Educação Infantil – volume inicial – IBEP.

PÁSCOA

COELHINHO

DE OLHOS VERMELHOS
DE PELO BRANQUINHO,
DE PULO BEM LEVE,
EU SOU COELHINHO.
COMI UMA CENOURA
COM CASCA E TUDO
TÃO GRANDE ELA ERA...
FIQUEI BARRIGUDO.

DOMÍNIO PÚBLICO.

Parte integrante da coleção **Eu gosto m@is** – Educação Infantil – volume inicial – IBEP.

ORELHAS DO COELHO DA PÁSCOA

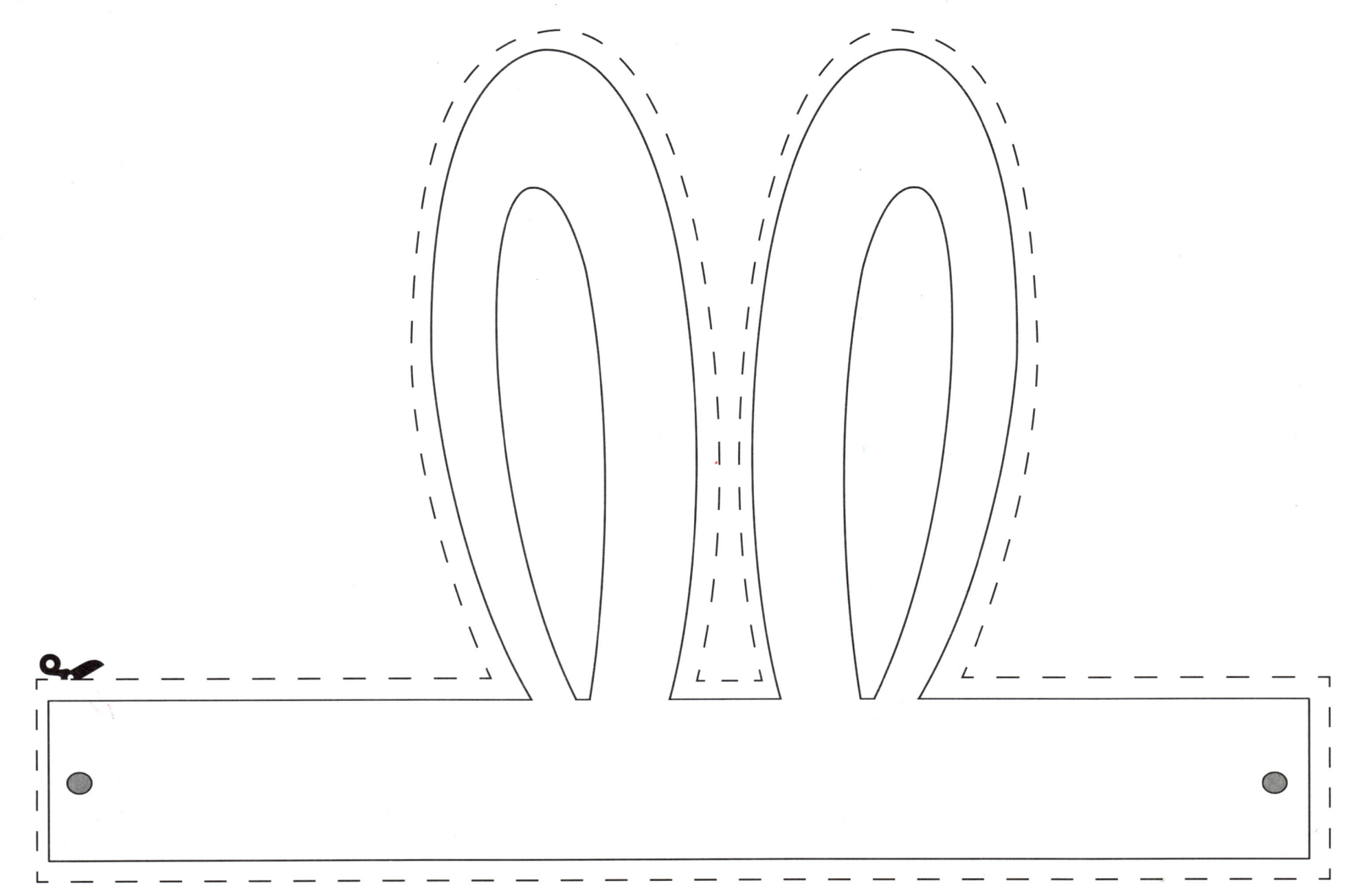

ALMANAQUE

Parte integrante da coleção **Eu gosto m@is** – Educação Infantil – volume inicial – IBEP.

DIA DO CIRCO 27 DE MARÇO

ALMANAQUE

CARLOS JORGE NUNES

Parte integrante da coleção **Eu gosto m@is** – Educação Infantil – volume inicial – IBEP.

DIA DOS POVOS INDÍGENAS – 19 DE ABRIL

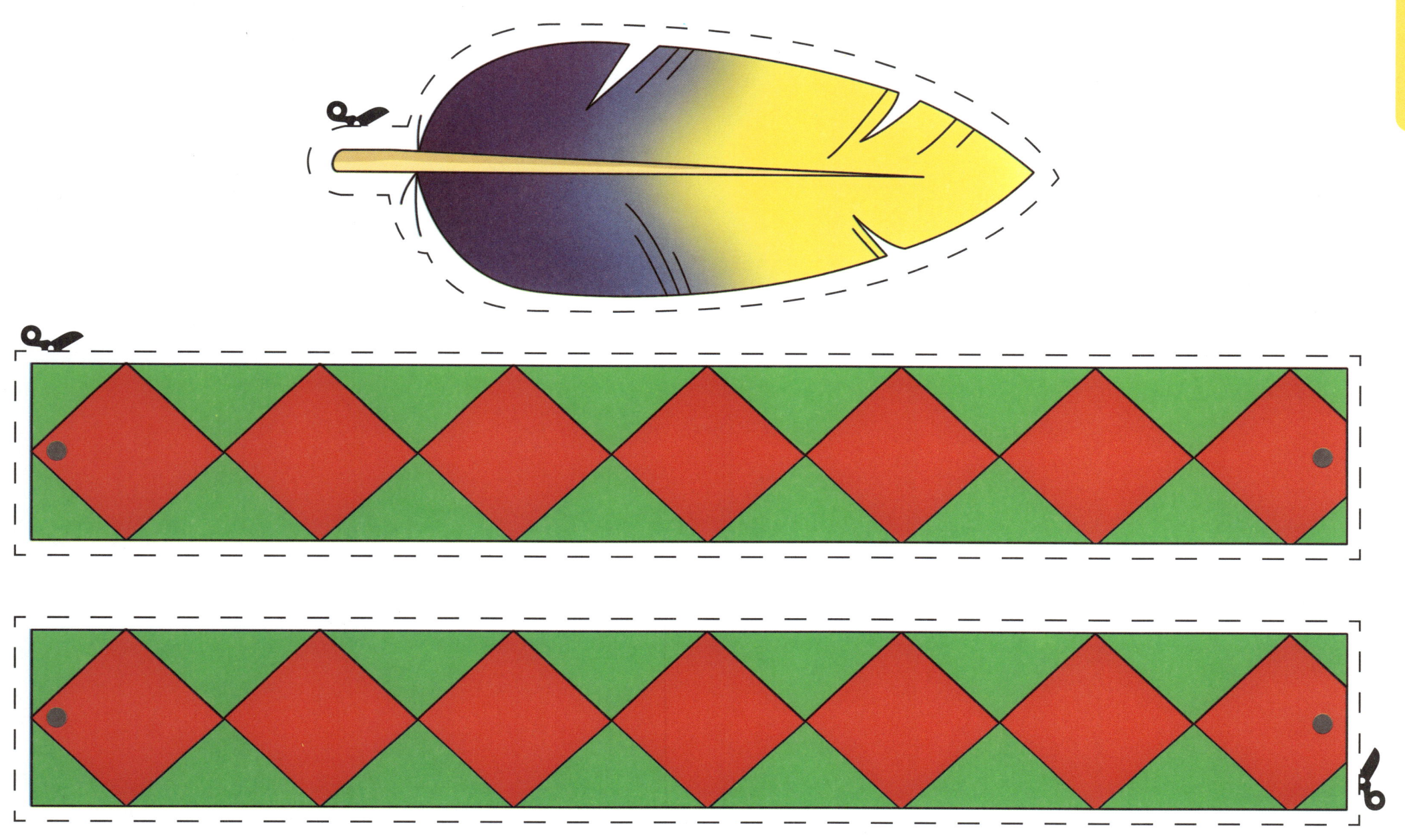

Parte integrante da coleção **Eu gosto m@is** – Educação Infantil – volume inicial – IBEP.

DIA DAS MÃES – SEGUNDO DOMINGO DE MAIO

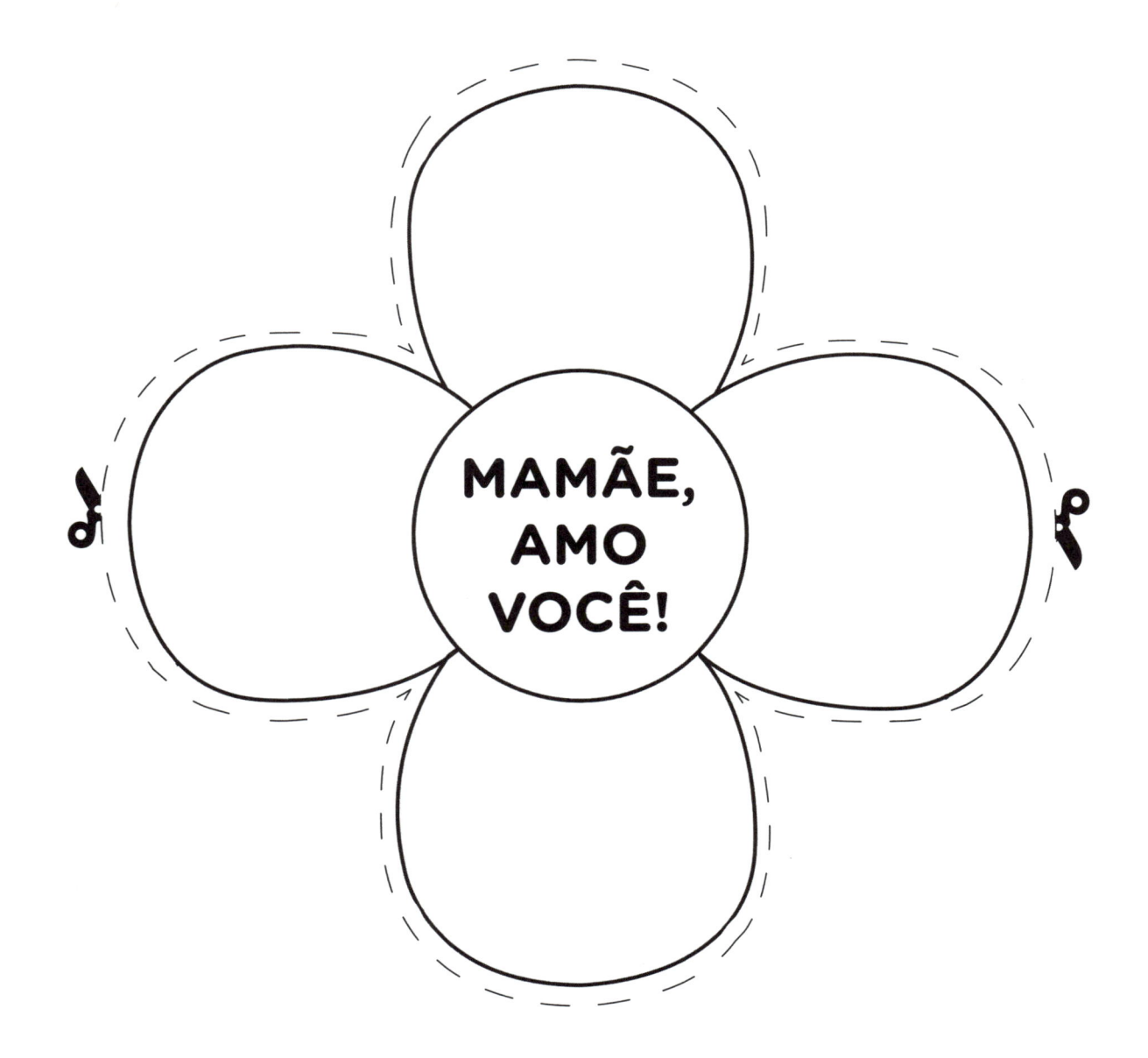

ALMANAQUE

MAMÃE, AMO VOCÊ!

Parte integrante da coleção **Eu gosto m@is** – Educação Infantil – volume inicial – IBEP.

FESTAS JUNINAS

ALMANAQUE

Parte integrante da coleção **Eu gosto m@is** – Educação Infantil – volume inicial – IBEP.

DIA DOS PAIS – SEGUNDO DOMINGO DE AGOSTO

ALMANAQUE

COLAR FOTO 3 x 4

Papai, amo você!

Parte integrante da coleção **Eu gosto m@is** – Educação Infantil – volume inicial – IBEP.

DIA DO FOLCLORE – 22 DE AGOSTO

Parte integrante da coleção **Eu gosto m@is** – Educação Infantil – volume inicial – IBEP.

DIA DA ÁRVORE – 21 DE SETEMBRO

ALMANAQUE

Parte integrante da coleção **Eu gosto m@is** – Educação Infantil – volume inicial – IBEP.

DIA DAS CRIANÇAS – 12 DE OUTUBRO

ALMANAQUE

DIA DAS CRIANÇAS – 12 DE OUTUBRO

ALMANAQUE

Parte integrante da coleção **Eu gosto m@is** – Educação Infantil – volume inicial – IBEP.

DIA DO PROFESSOR – 15 DE OUTUBRO

ALMANAQUE

FESTAS DE FIM DE ANO

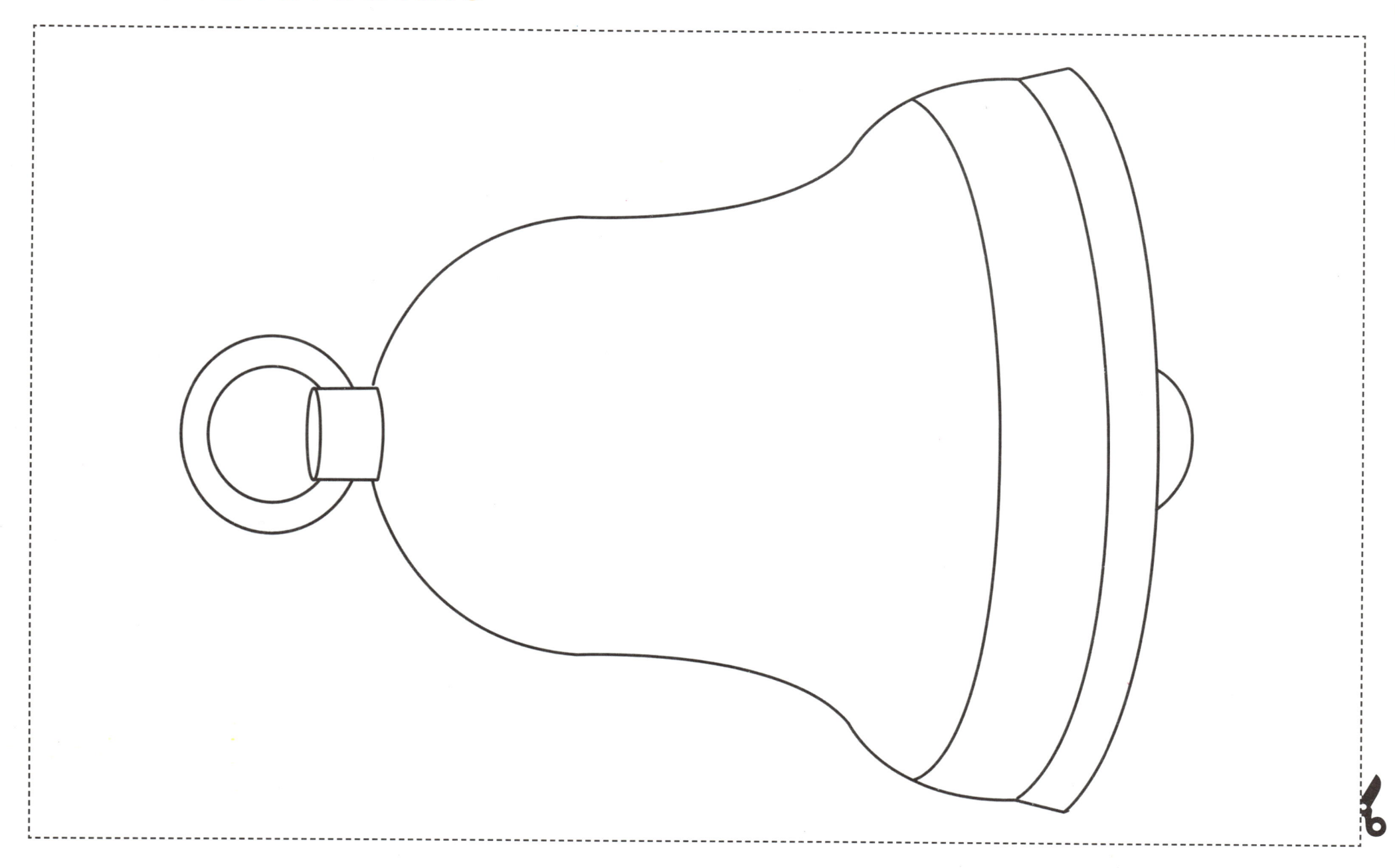

ALMANAQUE

Parte integrante da coleção **Eu gosto m@is** – Educação Infantil – volume inicial – IBEP.

LIÇÃO 8

LIÇÃO 11

ADESIVOS

Parte integrante da coleção **Eu gosto m@is** – Educação Infantil – volume inicial – IBEP.

111

LIÇÃO 33

LIÇÃO 46

LIÇÃO 37

Parte integrante da coleção **Eu gosto m@is** – Educação Infantil – volume inicial – IBEP.

ADESIVOS

LIÇÃO 60

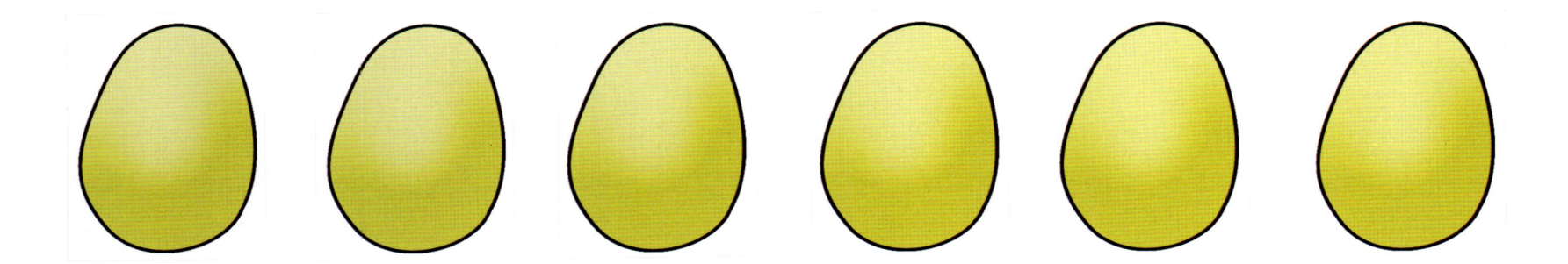

LIÇÃO 71

Parte integrante da coleção **Eu gosto m@is** – Educação Infantil – volume inicial – IBEP.

ADESIVOS

LIÇÃO 78

LIÇÃO 80

LIÇÃO 88

ADESIVOS

Parte integrante da coleção **Eu gosto m@is** – Educação Infantil – volume inicial – IBEP.